交通运输企业安全生产标准化评价实施细则

2018

汽车客运站

安全生产标准化评价实施细则

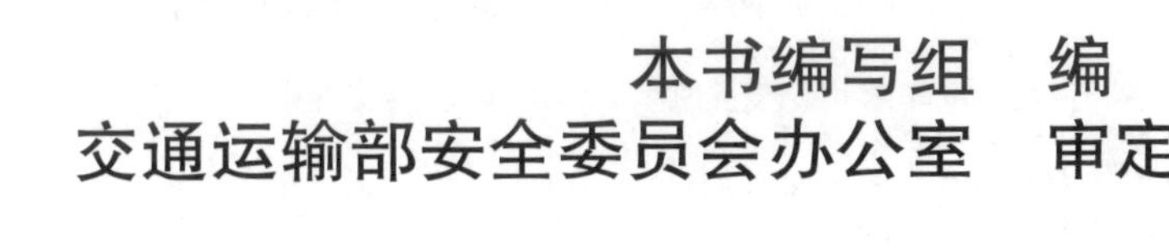

本书编写组　编
交通运输部安全委员会办公室　审定

人民交通出版社股份有限公司
China Communications Press Co.,Ltd.

内 容 提 要

本书详细介绍了汽车客运站安全生产标准化评价办法，适合汽车客运站安全生产管理人员学习使用，也可供汽车客运站安全生产标准化评审员学习参考。

图书在版编目(CIP)数据

汽车客运站安全生产标准化评价实施细则/《汽车客运站安全生产标准化评价实施细则》编写组编. —北京：人民交通出版社股份有限公司，2019.4
ISBN 978-7-114-15017-3

Ⅰ.①汽… Ⅱ.①汽… Ⅲ.①公路运输—旅客运输—交通运输企业—安全生产—标准化管理—中国 Ⅳ.①F512.6

中国版本图书馆 CIP 数据核字(2019)第 037700 号

Qiche Keyunzhan Anquan Shengchan Biaozhunhua Pingjia Shishi Xize

书　　名：汽车客运站安全生产标准化评价实施细则
著 作 者：本书编写组
责任编辑：刘　博　姚　旭
责任校对：尹　静
责任印制：张　凯
出版发行：人民交通出版社股份有限公司
地　　址：(100011)北京市朝阳区安定门外外馆斜街 3 号
网　　址：http://www.ccpress.com.cn
销售电话：(010)59757973
总 经 销：人民交通出版社股份有限公司发行部
经　　销：各地新华书店
印　　刷：北京市密东印刷有限公司
开　　本：787×1092　1/16
印　　张：12.5
字　　数：217 千
版　　次：2019 年 4 月　第 1 版
印　　次：2019 年 4 月　第 1 次印刷
书　　号：ISBN 978-7-114-15017-3
定　　价：40.00 元

丛书编委会

技术支持

中国船级社

交通运输部水运科学研究院

北京市交通委员会

中交第四公路工程局有限公司

北京中平科学技术院

前　言 QIANYAN

交通运输安全生产是我国安全生产的重要组成部分，与经济社会健康发展和人民群众获得感、幸福感、安全感息息相关。在建设安全便捷、畅通高效、绿色智能现代综合交通运输体系过程中，交通运输行业必须始终牢固树立以人民为中心的发展理念，始终将安全生产放在首位，坚持改革创新，坚持安全发展，进一步增强做好安全工作的责任感、使命感和紧迫感，采取切实有效的工作措施，筑牢安全生产防线，确保交通运输事业发展长治久安。

6年来，交通运输行业积极推进企业安全生产标准化建设，取得了一系列成效：一是明确界定了企业落实安全生产主体责任的内涵和要求，让大家知道安全生产管什么、怎么管、达到什么要求，推动企业安全生产工作逐步规范，事故水平持续下降，显著提升了行业安全生产水平。二是强化了行业管理部门安全监管工作，丰富了安全监管手段，增强了安全监管工作的针对性，为部门实施安全生产分类指导、分级监管提供重要依据。三是为管理部门监督检查工作提供了相关标准和清单，推动实现精细化、清单化监管。

为进一步加强和推进交通运输行业安全生产标准化建设工作，2016年7月26日交通运输部发布了《交通运输企业安全生产标准化建设评价管理办法》（交安监发〔2016〕133号），进一步优化完善了企业安全生产标准化建设工作机制；2018年5月1日起，相继颁布了《交通运输企业安全生产标准化建设基本规范》一系列行业标准，将原考评指标上升为行业规范，有效提升了标准化建设工作的科学性、专业性和指导性。为做好新标准的实施，我们组织标准起草单位和专家编制了系列标准的实施细则和汽车租赁、巡游出租车、港口罐区和港口理货仓储等领域的安全生产标准化建设试行细则。

本书由乔希宁担任主编，李彦文、翟自军担任副主编，赵远航、樊志强、安玉林、王谦、乔玉祥、马浩、王姝妍、赵颖、李龙、黄建军、白宝君、杨军、刘卫国、王莹、谭光辉参与编写。

新编制的《汽车客运站安全生产标准化评价实施细则》力求科学严谨、精准精细、便于操作，但由于编写安排进度较紧，难免出现一些错误和问题，希望大家批评指正，为交通运输企业安全生产标准化建设基本规范和实施细则的优化、完善贡献力量，持续推进行业安全发展，为交通强国建设保驾护航！

编委会

2018 年 11 月

目　录 MULU

第一章　汽车客运站安全生产标准化评价实施细则

评价类目	评价项目	释义	评价方法	标准分值	评价标准	得分
一、目标与考核（30分）	①企业应结合实际制定安全生产目标。安全生产目标应： a.符合或严于相关法律法规的要求； b.形成文件，并得到本企业所有从业人员的贯彻和实施； c.与企业的职业安全健康风险相适应； d.具有可考核性，体现企业持续改进的承诺； e.便于企业员工及相关方获得	安全生产目标，是在一定条件下，一定时间内完成安全活动所达到的某一预期目的的指标。安全生产目标的制定应切合企业实际，要求内容明确、具体、量化，有时限性。 安全生产目标应以文件形式正式发布，使全体员工和相关方获知	**查资料：** 1.安全生产目标； 2.发布安全生产目标的文件； 3.贯彻和实施安全生产目标的相关资料。 **询问：** 抽查企业员工3～5人是否了解本企业安全生产目标。 **现场检查：** 安全生产目标是否充分公开，便于企业员工及相关方获得	5 ★★★	1.应制定符合要求的安全生产目标； 2.安全生产目标应正式发布、贯彻和实施； 3.企业员工应了解安全生产目标； 4.安全生产目标应充分公开，便于员工及相关方获得	

续上表

评价类目	评价项目	释义	评价方法	标准分值	评价标准	得分
一、目标与考核（30分）	②企业应根据安全生产目标制定可考核的安全生产工作指标，指标应不低于上级下达的目标	安全生产工作指标：指量化的安全生产指标，又称控制指标。对安全目标进行量化，使其更具体化、更有针对性，便于企业对安全目标的实施、考核和统计的开展。企业制订的安全生产工作指标应不低于上级有关部门下达的安全考核指标，并且符合法律法规的要求	**查资料：** 1. 查安全生产工作指标的文件，指标应可考核； 2. 查上级单位下达的安全目标； 3. 量化指标包括火灾爆炸、人身伤害、财产损失、设备设施完好率等内容	5	1. 未制定可考核的安全生产工作指标，不得分； 2. 制定的安全生产工作指标低于上级单位下达的安全目标，不得分； 3. 制定的安全工作指标不合理、与企业实际情况不符，每处扣1分	
	③企业应制定实现安全生产目标和工作指标的措施	企业安全生产工作目标明确后，要有一系列的措施来保证安全目标的实现。措施的制定应该具体、责任明确。 措施一般包括：完善安全管理机构，明确安全生产责任，资金保障、建立安全生产制度体系，安全教育与培训，设备设施维护，应急训练与演习等	**查资料：** 查实现安全生产目标和工作指标的措施文件	5	1. 未制定实现安全生产目标和安全生产工作指标的措施，扣5分； 2. 制定的措施不具体、不可行或责任不明确，每项扣1分	

续上表

评价类目	评价项目	释义	评价方法	标准分值	评价标准	得分
一、目标与考核(30分)	④企业应制定安全生产年度计划和专项活动方案,并严格执行	企业应按照规划,逐年推进安全生产工作的进步,特别是要针对某些突出的安全生产问题和隐患,通过制定年度计划和年度专项活动方案,进一步细化工作,使其更具有针对性和操作性,包括 指导思想、活动主题、组织机构 、工作目标、时间节点与具体活动内容等	**查资料:** 1. 查安全生产年度计划和专项活动方案; 2. 查安全生产年度计划和专项活动方案执行的相关记录和总结材料等	5	1. 未制定安全生产年度计划,扣3分; 2. 未制定安全生产专项活动方案,扣2分; 3. 执行安全生产年度计划和方案的记录和总结材料不完整,每项扣1分	
	⑤企业应将安全生产工作指标进行细化和分解,制定阶段性的安全生产控制指标,并予以考核	企业要结合实际,按照组织结构及下属单位在安全生产中可能面临的风险大小,将企业年度的安全生产目标转化成阶段性的安全生产控制指标,并逐级细化分解,落实到每个单位、部门,班组和岗位。通过对指标进行考核,以激励全体职工的积极性,从而保证指标的完成	**查资料:** 1. 查细化和分解后的安全生产工作指标,应根据企业实际情况进行细化并分解到各基层单位、部门和岗位; 2. 查企业制定的阶段性安全生产控制指标; 3. 查各项指标的考核记录	5	1. 未细化和分解安全生产工作指标,扣2分; 2. 工作指标细化和分解不合理、不符合企业实际情况或不完善,每处扣1分; 3. 未制定阶段性的安全生产控制指标,扣1分; 4. 未对指标完成情况进行考核或考核不完整不合理的,每项扣1分	

续上表

评价类目	评价项目	释义	评价方法	标准分值	评价标准	得分
一、目标与考核(30分)	⑥企业应建立安全生产目标考核与奖惩的相关制度,并定期对安全生产目标完成情况予以考核与奖惩	考核奖惩是提升安全管理最有效方法之一; 激励约束、奖优罚劣,企业要制定相应的规章制度或管理办法明确考核与奖惩的程序和要求; 制度应当明确考核、奖惩的对象,考核的时限,考核的程序与方法,考核的具体内容,奖惩条件等,并要明确考核的责任部门,保证考核和奖惩工作的实施; 安全生产考核与奖惩要规范、合理、有效实施; 企业要根据安全生产目标考核与奖惩制度的规定,对所有安全生产部门和岗位目标完成情况进行考核,重点考核企业安全生产主要负责人(项目负责人),定期一般分为月度跟踪、季度分析、半年检查和年度考核,并奖惩兑现	**查资料:** 1. 查安全生产目标考核与奖惩管理规定; 2. 查目标考核记录文件; 3. 查奖惩兑现证明材料	5	1. 未制定安全生产目标与奖惩管理规定,扣2分; 2. 制定的安全生产目标与奖惩制度内容不完善,扣1~2分; 3. 未进行考核或奖惩的,扣3分	

续上表

评价类目	评价项目		释　义	评价方法	标准分值	评价标准	得分
二、管理机构和人员(35分)	1.安全生产管理机构	①企业应建立以企业主要负责人为领导的安全生产委员会(或安全生产领导小组),并应职责明确。应建立健全从安全生产委员会(或安全生产领导小组)至基层班组的安全生产管理网络	安全生产委员会(或安全生产领导小组)是企业安全生产管理的最高决策机构。应由企业安全生产第一责任人、分管领导与有关部门人员组成	**查资料:** 1.企业成立安全生产委员会,下属各分支机构成立安全生产领导小组的文件,安全委员会职责明确; 2.企业安全生产管理网络图	10 ★★	1.未成立安全生产委员会(或领导小组),不得分; 2.未明确安全生产委员会(或领导小组)职责,扣3分; 3.未编制安全生产管理网络图,或网络图未全面覆盖基层班组,扣2分	
		②企业应按规定设置与企业规模相适应的安全生产管理机构	安全生产管理机构是企业内部设置的对安全生产工作进行综合协调和监督的综合管理部门; 矿山、金属冶炼、建筑施工、道路运输单位和危险物品的生产、经营、储存单位,应当设置安全生产管理机构或者配备专职安全生产管理人员。前款规定以外的其他生产经营单位,从业人员超过100人的,	**查资料:** 1.设置安全生产管理机构或配备专职安全生产管理人员的文件; 2.设置的安全生产管理机构或配备的专职安全生产管理人员与企业规模相适应;	5 ★★★	1.按规定设置安全生产管理机构或配备专职安全生产管理人员; 2.设置的安全生产管理机构或配备的专职安全生产管理人员与企业规模相适应; 3.应明确安全生产管理机构职责	

续上表

评价类目	评价项目		释义	评价方法	标准分值	评价标准	得分
二、管理机构和人员（35分）	1. 安全生产管理机构		应当设置安全生产管理机构或者配备专职安全生产管理人员;从业人员在100人以下的,应当配备专职或者兼职的安全生产管理人员	3. 安全生产管理机构或专职安全生产管理人员职责/工作制度等文件			
		③企业应定期召开安全生产委员会或安全生产领导小组会议。安全生产管理机构或下属分支机构每月至少召开1次安全工作例会	安全生产委员会会议,每季度至少1次,研究解决安全生产中的重大问题,安排阶段性安全生产工作; 安全工作例会,每月至少1次,主要是落实安委会会议的会议决定,总结上一阶段的各项安全生产工作完成情况,传达上级对安全生产的指令、文件精神及安全生产相关措施,对安全工作进行部署、对从业人员进行安全思想教育等。各分支机构和部门汇报安全生产情况和存在的问题	**查资料:** 1. 安全工作例会制度; 2. 安全生产委员会会议资料,包括会议通知、会议签到表、会议记录、会议纪要等; 3. 安全生产管理机构召开安全工作例会的资料,包括会议通知,会议签到表、会议记录等	5 AR	1. 未制定安全例会制度,扣3分; 2. 制度不完善、内容不全面,扣0.5分; 3. 无安全会议记录、会议纪要、签到表等,每项扣0.5分	

续上表

评价类目	评价项目		释义	评价方法	标准分值	评价标准	得分
二、管理机构和人员(35分)	2.安全管理人员	①企业应按规定配备专(兼)职安全生产和应急管理人员	安全生产管理人员是指生产经营单位中从事安全生产管理工作的专职或兼职人员	**查资料:** 任命专(兼)职安全管理人员和应急管理人员的文件	10 ★★★	应配备专(兼)职安全管理人员和应急管理人员	
		②企业的主要负责人和安全生产管理人员应具备与本企业所从事的生产经营活动相适应的安全生产和职业卫生知识与能力,并保持安全生产管理人员的相对稳定	企业主要负责人和安全生产管理人员必须具备与本企业所从事的生产经营活动相适应的安全生产和职业卫生知识与能力,同时具有领导安全生产管理工作和处理安全生产事故的能力	**查资料:** 1.企业主要负责人和安全生产管理人员岗位任职能力要求; 2.安全管理岗位能力评价、培训及考核记录; 3.安全生产管理人员劳动合同	5	1.未制定安全岗位任职能力要求,扣3分; 2.安全管理岗位能力评价、培训、考核,记录不全,每项扣1分; 3.安全生产管理人员劳动合同期限未满足一年期以上的,每人,扣2分	

续上表

评价类目	评价项目		释义	评价方法	标准分值	评价标准	得分
三、安全责任体系(35分)	1.健全责任制	①企业应建立安全生产责任制,明确安全生产委员会(或安全生产领导小组)、安全生产管理机构、各职能部门、生产基层单位的安全生产职责,层层签订安全生产责任书,并落实到位	《中华人民共和国安全生产法》第四条规定:生产经营单位必须遵守本法和其他有关安全生产的法律、法规,加强安全生产管理,建立、健全安全生产责任制和安全生产规章制度,改善安全生产条件,推进安全生产标准化建设,提高安全生产水平,确保安全生产; 安全生产责任制是企业安全生产的核心,是安全生产管理的源头。安全生产责任制应明确规定企业领导层、管理人员及所有从业人员、各管理部门、各级单位、岗位对安全生产应负的责任、权利和义务。企业的安全生产责任制应覆盖企业的所有方面,通过文件或有关规定发布,层层签订安全生产责任制,明确全体人员的安全生产责任	**查资料:** 1. 企业组织机构、各部门、岗位职责文件; 2. 安委会任命及职责规定文件; 3. 抽查安全生产管理机构、主要职能部门、基层单位、重要岗位安全生产责任书。 **询问:** 重要安全生产管理人员、岗位员工3~5人是否清楚各自安全生产职责、责任书签订情况	10 AR	1. 未制定部门和岗位职责,不得分;缺少1个部门扣3分;缺少1个岗位扣1分; 2. 未签订安全生产责任书,不得分;缺1份,扣1分; 3. 员工不明确自身安全职责,每人次扣1分	

续上表

评价类目	评价项目		释　义	评价方法	标准分值	评价标准	得分
三、安全责任体系(35分)	1.健全责任制	②企业主要负责人或实际控制人是本企业安全生产第一责任人，对本企业安全生产工作全面负责，负全面组织领导、管理责任和法律责任，并履行安全生产的责任和义务	企业安全生产第一责任人一般为企业总经理或总裁，根据《中华人民共和国安全生产法》相关规定，生产经营单位的主要负责人对本单位的安全生产工作全面负责。 生产经营单位的主要负责人对本单位安全生产工作负有下列职责： （一）建立、健全本单位安全生产责任制； （二）组织制定本单位安全生产规章制度和操作规程； （三）保证本单位安全生产投入的有效实施； （四）督促、检查本单位的安全生产工作，及时消除生产安全事故隐患； （五）组织制定并实施本单位的生产安全事故应急救援预案； （六）及时、如实报告生产安全事故； （七）组织制定并实施本单位安全生产教育和培训计划	**查资料：** 1.核查企业营业执照、经营资质等材料，确定企业安全生产第一责任人； 2.安全生产责任制文件。 **询问：** 企业安全生产第一责任人是否明确应承担的安全生产责任	5 ★★★	1.企业安全生产第一责任人职责应符合法规要求； 2.企业安全生产第一责任人应熟知其安全责任	

续上表

评价类目	评价项目		释义	评价方法	标准分值	评价标准	得分
三、安全责任体系(35分)	1. 健全责任制	③分管安全生产的企业负责人是安全生产的重要负责人,应协助企业安全生产第一责任人落实各项安全生产法律法规、标准,统筹协调和综合管理企业的安全生产工作,对本企业安全生产负重要管理责任	安全生产分管负责人为企业任命或指派,协助主要负责人落实各项安全生产法律法规、标准规范等,统筹协调和综合管理企业的安全生产工作,对企业安全生产工作负综合管理领导责任。可以是企业总经理,分管安全生产的副总经理等	**查资料:** 查企业安全生产分管负责人的任命或职责分工文件。 **询问:** 1. 分管负责人应承担的职责;履职情况; 2. 跟踪检查相关履职证据	5	1. 未明确分管负责人,不得分;相关职责不充分、不明确,扣2分; 2. 分管负责人不清楚相应职责,不得分;未履行职责,每项扣2分;相关履职证据不充分,每项扣1分	
		④其他负责人及员工实行"一岗双责",对业务范围内的安全生产工作负责	企业实行安全生产"一岗双责",是指不仅要对所在岗位承担的具体业务工作负责,还要对所在岗位相应的安全生产负责	**查资料:** 企业岗位职责文件。 **询问:** 抽查管理、现场操作等岗位人员不少于3人,询问各自岗位职责	5	1. 未明确岗位分工、职责的,不得分; 2. 一岗双责体现不合理、不充分,每岗扣1分; 3. 人员不熟悉一岗双责,每人次扣1分	

续上表

评价类目	评价项目		释义	评价方法	标准分值	评价标准	得分
三、安全责任体系(35分)	2.责任制考评	企业应根据安全生产责任进行定期考核和奖惩,并公布考评结果和奖惩情况	企业应建立安全责任考核机制,制定安全生产责任考核制度。建立以岗位安全绩效考核为重点,以落实岗位安全责任为主线,以杜绝岗位安全责任事故为目标的全员安全生产责任考核办法。加大安全生产责任在员工绩效工资、晋级、评先评优等考核中的权重,重大责任事项实行“一票否决”。对各级管理部门、管理人员及从业人员安全职责的履行情况和安全生产责任制的实现情况进行定期考核,予以奖惩	**查资料:** 开展安全生产责任制考核、奖惩相关的文件;奖惩兑现记录、文件等	10 ★★	1.未开展安全责任制考核,不得分;考核不合理、不全面等,每项扣1分; 2.未依据考核结果进行奖惩,扣3分; 3.未公布考核结果和奖惩情况,扣2分	

续上表

评价类目	评价项目		释义	评价方法	标准分值	评价标准	得分
四、资质、法律法规与安全生产管理制度(65分)	1.资质	企业的《企业法人营业执照》《道路运输经营许可证》资质证书应合法有效,经营范围应符合要求	企业应按照《中华人民共和国公司登记管理条例》管辖规定开展工商登记;各类资质证书中的名称、法人等一致;并处于有效期内;按照规定有通过年度审验。企业应按照《道路旅客运输及客运站管理规定》取得《道路运输经营许可证》,并在工商登记和资质许可范围开展合法的经营活动	**查资料:** 核查《道路运输经营许可证》和《企业法人营业执照》、资质许可证书等原件。 **现场检查:** 企业实际经营范围	5 ★★★	1. 企业应具备合法有效的营业执照、经营许可证、资质证书及法律规定的其他经营许可证书,按规定通过年审; 2. 企业应在获准的经营资质许可范围内开展经营活动	

续上表

评价类目	评价项目		释　　义	评价方法	标准分值	评价标准	得分
四、资质、法律法规与安全生产管理制度(65分)	2.法律法规及标准规范	①企业应制定及时识别、获取适用的安全生产法律法规、规范标准及其他要求的管理制度,明确责任部门,建立清单和文本(或电子)档案,并定期发布	企业应及时识别和获取本企业适用的安全生产法律法规、标准规范,并跟踪、掌握有关法律法规、标准规范的修订情况	**查资料:** 1.企业管理制度文件; 2.适用的法律法规、标准及其他要求的清单、文本(或电子)档案、台账或数据库等; 3.法规清单(或文本)定期更新并发布的记录	5	1.未建立识别和获取适用的安全生产法律法规、标准及其他要求的管理制度的,扣2分;未明确责任部门,扣2分;未明确获取渠道或方式等,缺少1项扣1分; 2.未建立法规清单和文本档案的,扣3分;存在遗漏、不适用、过期、失效等的,每项扣1分; 3.未及时发布的,扣2分	
		②企业应及时对从业人员进行适用的安全生产法律法规、规范标准宣贯,并根据法规标准和相关要求及时制修订本企业安全生产管理制度	企业应将安全生产法律法规、标准规范及相关要求,及时转化为本单位的规章制度,并贯彻到各项工作中	**查资料:** 1.培训或宣贯记录; 2.企业安全生产管理制度文件及制(修)订记录	5	1.未开展法律法规培训或宣贯,每项扣1分; 2.制度未体现适用的法规要求、未及时修订等,每项扣1分	

续上表

评价类目	评价项目		释义	评价方法	标准分值	评价标准	得分
四、资质、法律法规与安全生产管理制度(65分)	3. 安全管理制度	①企业应制定安全生产与职业卫生管理制度	安全生产管理制度,是企业依据国家有关法律、法规、标准,结合安全生产工作实际,以企业名义起草颁发的有关安全生产的规范性文件。 企业是安全生产的责任主体,建立健全安全管理制度是企业的法定责任,是规范从业人员的生产作业行为,保证生产经营活动安全、顺利进行的重要手段。《中华人民共和国安全生产法》规定,企业应制定健全的安全生产管理制度,规范从业人员的安全行为,并将制度发放到有关的工作岗位	**查资料:** 企业安全生产与职业卫生管理规章制度文件,至少应包括以下内容: (1)安全生产责任制;(2)安全例会制度;(3)文件和档案管理制度;(4)安全生产费用提取和使用管理制度;(5)设施、设备、货物安全管理制度;(6)安全生产培训和教育学习制度;(7)安全生产监督检查制度;(8)事故统计报告制度;(9)安全生产奖惩制度	5	1. 安全生产与职业卫生管理制度每缺1项,扣2分(其他评价内容中已有的不重复扣分;名称不要求一样,但内容应涵盖); 2. 管理制度内容不完善、未明确责任部门、职责、工作要求等内容的,每项扣1分; 3. 管理制度的编制、审批和签发记录,未按规定进行的,每项扣1分	

续上表

评价类目	评价项目		释　义	评价方法	标准分值	评价标准	得分
四、资质、法律法规与安全生产管理制度（65分）	3.安全管理制度	②企业制定的安全生产管理制度应符合国家现行的法律法规的要求	安全生产管理制度，是企业依据国家有关法律、法规、标准，结合安全生产工作实际，以企业名义起草颁发的有关安全生产的规范性文件	**查资料：** 企业安全生产管理规章制度与相应法律法规标准规范的符合性	5	规章制度与法规要求不符，每处扣1分	
		③企业应组织从业人员进行安全生产管理制度的学习和培训	企业应组织从业人员进行安全生产管理制度的学习、培训或宣贯，使其了解相关的制度要求	**查资料：** 查阅管理制度发放、相关的培训、会议、宣贯等记录及资料	5	1. 未开展管理制度培训、学习、交流或宣贯，每缺1项扣1分； 2. 管理制度发放不到位，缺1项扣1分	
		④企业应将相关的规章制度及时传达给相关方	企业相关制度应告知相关方	**查资料：** 1. 查阅相关方管理制度； 2. 将相关规章制度传达给相关方的记录	5	1. 无相应制度，扣3分； 2. 无将相关规章制度传达给相关方的记录的，扣2分	

续上表

评价类目	评价项目		释义	评价方法	标准分值	评价标准	得分
四、资质、法律法规与安全生产管理制度(65分)	4. 操作规程	①企业应制定各岗位操作规程,操作规程应满足国家和行业相关标准规范的要求	安全操作规程,是指在生产活动中,为消除能导致人身伤亡或造成设备、财产损失以及危害环境的因素而制定的具体技术要求和实施程序的统一规定。 企业应根据生产特点,组织制定岗位安全操作规程,发放到相关岗位,保证其有效实施。操作规程中应明确:操作前的检查及准备工作的程序和方法;操作中严禁的行为;必需的操作步骤和操作方法;操作注意事项;正确使用劳动防护用品的要求;出现异常情况时的应急措施	**查资料:** 1. 岗位安全生产操作规程; 2. 抽查安全生产关键岗位安全生产操作规程能否满足相关的国家和行业标准规范; 3. 核查操作规程是否符合企业实际情况	5 ★★★	1. 应制定现场作业岗位操作规程,操作规程应符合相关标准规范要求,并符合企业实际状况; 2. 操作规程应包含安全作业相关要求	

续上表

评价类目	评价项目		释义	评价方法	标准分值	评价标准	得分
四、资质、法律法规与安全生产管理制度(65分)	4.操作规程	②企业应在新技术、新材料、新工艺、新设备设施投产或投用前,组织编制相应的操作规程,保证其适用性	生产经营单位采用新工艺、新技术、新材料或者使用新设备,必须了解、掌握其安全技术特性,采取有效的安全防护措施,根据实际状况编制相应的操作规程,并保证其适用性	**现场检查结合询问:** 企业新技术、新材料、新工艺、新设备设施投产或使用情况。 **查资料:** "四新"相关的操作规程	5	1.未编制或未在"四新"投产投用前编制相应操作规程,每个扣2分; 2.操作规程的编制、审批程序不符合要求,未采取了保证其适用性措施的,每处扣1分; 3.操作规程未包含安全作业相关要求,缺1个扣1分	
		③企业应及时将操作规程发放到相关岗位,组织对从业人员进行操作规程的培训	岗位安全操作规程应以纸质版发放到岗位人员,宜将规程的主要内容制成目视化看板、展板等放置在作业现场,并组织岗位安全操作规程的培训教育。新员工、转复岗人员、"四新"作业人员到岗位作业前,进行岗位安全操作规程的培训教育后方可上岗,其他岗位作业人员应定期进行安全操作规程的再教育,以确保每个岗位作业人员熟悉并执行本岗位安全操作规程	**查资料:** 查岗位安全操作规程的发放记录;学习培训记录。 **现场检查:** 现场操作重点岗位是否配备相应的岗位操作规程。 **询问:** 抽查现场作业重点岗位人员,是否熟悉本岗位操作规程	5	1.未及时发放或发放不到位的,每个岗位扣2分; 2.未开展岗位操作培训学习的,每人次1分; 3.重要岗位操作人员不熟悉岗位操作规程的,每人次扣2分	

续上表

评价类目	评价项目		释义	评价方法	标准分值	评价标准	得分
四、资质、法律法规与安全生产管理制度(65分)	5.修订	企业应定期对安全管理制度和操作规程进行评审,并根据评审结论及时进行修订,确保其有效性、适应性和符合性。在发生以下情况时,应及时对相关的管理制度或操作规程进行评审、修订: a.国家相关法律、法规、规程、标准废止、修订或新颁布; b.企业归属、体制、规模发生重大变化;	任何制度都要经历一个从建立到不断完善的过程,任何制度的内容和形式都需要根据企业经营的变化而不断废止和更新。及时修订企业规章制度有助于规范化管理企业,是企业各项工作正常有效开展的基础,是企业健康有序发展的有力保障,是提高工作效率和作质量,降低业务运作风险的重要管理手段。对制度的有效性、适宜性、充分性进行不断的评审与更新,是企业不可忽视的工作	**现场检查结合询问:** 了解是否发生需要修订制度或规程的情况。	5	1.未对管理制度、操作规程定期进行有效性、符合性评审,导致不满足法律法规要求的,每个扣3分; 2.未及时开展修订,每个扣1分	

续上表

评价类目	评价项目		释　义	评价方法	标准分值	评价标准	得分
四、资质、法律法规与安全生产管理制度（65分）	5.修订	c.生产设施新建、改建、扩建规模、作业环境已发生重大改变； d.设备设施发生变更； e.作业工艺、危险有害特性发生变化； f.政府相关行政部门提出整改意见； g.安全评价、风险评估、体系认证、分析事故原因、安全检查发现涉及规章制度、操作规程的问题； h.其他相关事项		**查资料：** 对安全生产管理制度和操作规程进行有效性、实用性、符合性评审和修订的相关记录			

续上表

评价类目	评价项目		释义	评价方法	标准分值	评价标准	得分
四、资质、法律法规与安全生产管理制度（65分）	6.制度执行及档案管理	①企业每年至少1次对安全生产法律法规、标准规范、规章制度、操作规程的执行情况进行检查	企业每年至少1次组织对安全生产法律法规、标准规范、规章制度、操作规程的执行情况进行检查	**查资料：** 1.对适用的安全生产法律、法规、标准、规章制度、操作规程的执行情况进行检查或评价的记录、报告等； 2.对检查评价出的不符合项进行原因分析，制定相应纠正措施并组织实施的记录或证据资料	5	1.未开展法规符合性检查或评价的，不得分；检查内容不齐全不完善的，每项扣1分； 2.对检查或评价出的不符合项未进行原因分析的，每项扣1分； 3.未制定纠正措施，或纠正措施不落实，每项扣1分	
		②企业应建立和完善各类台账和档案，并按要求及时报送有关资料和信息	企业应建立主要安全生产过程、检查的安全记录档案，并加强对安全记录的有效管理	**查资料：** 1.安全生产过程的各类记录、台账和档案等； 2.企业按要求报送的有关信息和资料	5 AR	1.未按照法律法规要求建立台账和档案的，每项扣0.5分； 2.记录台账等保存不完善，每缺1项扣0.5分； 3.未及时报送有关资料和信息，每次扣0.5分	

续上表

评价类目	评价项目		释　义	评价方法	标准分值	评价标准	得分
五、安全投入(40分)	1.资金投入	①企业应按规定足额提取(列支)安全生产费用	根据《中华人民共和国安全生产法》第二十条规定:生产经营单位应当具备的安全生产条件所必需的资金投入,由生产经营单位的决策机构、主要负责人或者个人经营的投资人予以保证,并对由于安全生产所必需的资金投入不足导致的后果承担责任。有关生产经营单位应当按照规定提取和使用安全生产费用,专门用于改善安全生产条件。安全生产费用在成本中据实列支。 提取标准应符合《企业安全生产费用提取和使用管理办法》	**查资料:** 1.安全生产费用管理制度; 2.安全生产费用台账; 3.财务安全费用列支记录	15 ★★	1.应有安全生产费用管理制度,制度中应包含职责、提取比例、使用范围、过程管理、监督检查等内容,每缺1项扣2分; 2.安全生产费用提取比例应满足规定要求,不符合要求不得分	

续上表

评价类目	评价项目		释　义	评价方法	标准分值	评价标准	得分
五、安全投入(40分)	1.资金投入	②安全生产经费应专款专用,企业应保证安全生产投入的有效实施	《企业安全生产费用提取和使用管理办法》规定:企业提取的安全费用应当专户核算,按规定范围安排使用,不得挤占、挪用。年度结余资金结转下年度使用,当年计提安全费用不足的,超出部分按正常成本费用渠道列支	**查资料:** 1.安全生产费用管理制度; 2.安全生产费用台账; 3.安全生产费用使用原始票据。 **询问:** 安全管理部门和财务管理部门对安全生产费用使用情况	10	1.未明确责任部门或专人负责安全生产费用管理的,扣2分; 2.未按规定范围使用安全生产费用(超范围使用或挪用),每项扣2分	

续上表

评价类目	评价项目		释　　义	评价方法	标准分值	评价标准	得分
五、安全投入(40分)	1.资金投入	③企业应及时投入满足安全生产条件的所需资金	根据《中华人民共和国安全生产法》第二十条规定:生产经营单位应当具备的安全生产条件所必需的资金投入,由生产经营单位的决策机构、主要负责人或者个人经营的投资人予以保证,并对由于安全生产所必需的资金投入不足导致的后果承担责任。 《企业安全生产费用提取和使用管理办法》第二十六条规定:在本办法规定的使用范围内,企业应当将安全费用优先用于满足安全生产监督管理部门、煤矿安全监察机构以及行业主管部门对企业安全生产提出的整改措施或者达到安全生产标准所需的支出。 《企业安全生产费用提取和使用管理办法》第三十二条规定:企业应当加强安全费用管理,编制年度安全费用提取和使用计划,纳入企业财务预算	**查资料:** 1.安全生产费用使用计划; 2.安全生产费用台账。 **询问:** 1.安全生产费用管理部门对安全生产费用使用情况; 2.生产管理部门对安全生产费用使用情况。 **现场检查:** 国家法律法规、标准规范要求的安全防护设备设施、劳动防护用品、人员设置、应急等配备及投入情况	5 AR	1.未制定安全生产费用使用计划的扣1分; 2.安全生产费用使用计划内容缺失的,每缺1个方面扣0.5分; 3.未按照法律法规、标准规范要求和监管部门提出的安全措施进行投入的,每项扣0.5分	

续上表

评价类目	评价项目		释义	评价方法	标准分值	评价标准	得分
五、安全投入(40分)	2.费用管理	①企业应建立安全生产费用台账	《企业安全生产费用提取和使用管理办法》第三十六条规定:企业未按本办法提取和使用安全费用的,安全生产监督管理部门、煤矿安全监察机构和行业主管部门会同财政部门责令其限期改正,并依照相关法律法规进行处理、处罚。 为有效地管理安全生产专项经费的使用,保证专款专用,企业应建立安全费用使用台账,一方面便于管理部门的监督管理,一方面有利于安全生产投入的统计分析,为以后该项费用的提取及管理使用提供参考依据,更有效地改善安全生产条件	**查资料:** 1.安全生产费用台账; 2.财务支出证明或相关证明材料	5	1.未建立安全生产费用台账,不得分; 2.安全生产费用提取和使用台账、使用凭证不一致的,每项扣1分; 3.财务系统或报表中未完整体现安全费用提取、使用、结余等归类统计管理的,扣2分	

续上表

评价类目	评价项目		释　义	评价方法	标准分值	评价标准	得分
五、安全投入(40分)	2. 费用管理	②企业应跟踪、监督安全生产费用使用情况。企业安全生产费用应按照“企业提取、政府监管、确保需要、规范使用”的原则进行管理，安全生产费用应按照以下范围使用： a. 完善、改造和维护安全防护设施设备支出(不含“三同时”要求初期投入的安全设施)，包括交通运输设施设备和装卸工具安全状况检测及维护系统、运输设施设备和装卸工具附属安全设备等支出； b. 配备、维护应急救援器材、设备支出和应急演练支出；	《企业安全生产费用提取和使用管理办法》第三十五条规定：各级财政部门、安全生产监督管理部门、煤矿安全监察机构和有关行业主管部门依法对企业安全费用提取、使用和管理进行监督检查。 企业应依据使用范围定期对安全生产费用使用情况进行监督检查，确保专款专用	**查资料：** 安全生产专项经费使用情况的监督检查(或审计)记录	5	1. 企业未规定定期对安全生产费用使用情况进行监督检查的，扣2分； 2. 企业无安全生产费用监督检查记录的，每缺1次扣1分	

续上表

评价类目	评价项目		释义	评价方法	标准分值	评价标准	得分
五、安全投入(40分)	2. 费用管理	c. 开展重大危险源和事故隐患评估、监控和整改支出； d. 安全生产检查、评价(不包括新建、改建、扩建项目安全评价)、咨询和标准化建设支出； e. 配备和更新现场作业人员安全防护用品支出； f. 安全生产宣传、教育、培训支出； g. 安全生产适用的新技术、新标准、新工艺、新装备的推广应用支出； h. 安全设施及特种设备检测检验支出； i. 其他与安全生产直接相关的支出					

续上表

评价类目	评价项目		释　义	评价方法	标准分值	评价标准	得分
六、装备设施(90分)	设施	①企业应具备与《汽车客运站级别划分和建设要求》相适应的场地和设施设备	《汽车客运站级别划分和建设要求》(JT/T 200—2004)规定:汽车客运站设施主要由站前广场、停车场、发车位、站房(包括站务用房和行政用房)、附属设施(包括生产附属设施和服务设施)和职工生活福利等组成,主要设备包括旅客售票设备、候车休息设备、安全消防设备、清洁卫生设备、广播通信设备、行包搬运设备、行政办公设备和业务、服务、宣传设备等。其中一级汽车客运站必须具备所有设施和设备,其他等级客运站应当具备相应的设施和设备	**查资料:** 查汽车客运站等级证明	5	无汽车客运站等级证明,不得分	

续上表

评价类目	评价项目		释义	评价方法	标准分值	评价标准	得分
六、装备设施(90分)	设施	②企业应按国家有关规定设置旅客疏散紧急通道,并规范标识	应急通道主要是指客运站为应对突发火灾等事故、人为突发公共事件而专门用于站场内经营车辆器具、人员安全转移疏散的专用通道	**现场检查:** 看是否设置旅客疏散紧急通道,并规范标识。 **现场询问:** 抽查部分工作人员对应急通道设置及使用管理要求的知晓情况	10 ★★★	1. 未设有专用应急通道,不得分; 2. 专用应急通道未设有指示标识或指示标识不清晰,不得分	
		③企业应配备与经营规模、范围及经营管理形式相适应的安全和消防设施、设备及器材,遇突发状况应能够及时有效应对	客运站应该配备与经营规模、范围及经营管理形式相适应的安全和消防设施、设备及器材,保证一旦有事能够及时妥善应对;这些设备及器材应当处于良好状态,能够在出现突发事态时发挥出处置危害或危险的作用	**查资料:** 查安全和消防设施、设备及器材台账。 **现场检查:** 1. 站内停车场和发车位应设室外消火栓和适用于扑灭汽油、柴油、燃气等易燃物质燃烧的消防设施; 2. 消防设施是否处于良好状态	10 ★★	1. 未按规定配置消防设备及器材的不得分; 2. 安全消防设备及器材不足或无效的,每发现1项扣2分	

续上表

评价类目	评价项目		释　义	评价方法	标准分值	评价标准	得分
六、装备设施（90分）	设施	④企业应设置专门的车辆安全检查场地，配备必要的设备、设施、仪器等	客运站车辆安全例行检查的设施、设备应能保证满足进站营运客车安全例行检查项目的需要，包括转向、制动、传动、照明、悬挂、车身、随车安全设施8个方面的检查，必须设置专门的车辆安全检查场地，具备必要的仪器、设备。客运站车辆安检场地设施设备主要包括汽车安全检验台（地沟或地台）、安检场地明显标志、轮胎气压表、轮胎花纹深度尺、各种手工工具等，具体按《汽车客运站安全生产规范》等要求配置	**现场检查：** 查看是否按交通运输部《汽车客运站客车安全例行检查和出站检查工作规范》要求设置专门的车辆安全检查场地，配备汽车安全检验台及必要的仪器、设备	10	1. 未设置车辆安全检查设施设备的，扣10分； 2. 场地、仪器、设备、安检台等设备设施不全的，每项扣2分	
		⑤企业应按规定配置行包安全检查设备，并保持设备运行正常	客运站应当按照交通运输部《关于在汽车客运站配备行包安检设备加强行包安检工作的通知》（交公路发〔2008〕136号）要求配置行包安全检查设备，每个一级站应配备至少2台行包安检设备，每个二、三级客运站应配备至少1台行包安检设备。行包安检设备必须具备易燃、易爆、危险品检查功能，工作期间保持运行	**现场检查：** 1. 一级客运站是否配置2套行包安全检查设备，二、三级客运站是否配置1套行包安全检查设备； 2. 客运站配置行包安全检查设备是否运行正常	10 ★★	1. 未按规定配置检查设备扣10分； 2. 检查设备运行不正常扣5分	

续上表

评价类目	评价项目		释义	评价方法	标准分值	评价标准	得分
六、装备设施(90分)	设施	⑥企业应设有覆盖安全重点部位视频监控设备，并保持实时监控	汽车客运站安装视频监控设备，在治安防范、安全监管等方面发挥着极其重要的作用。这项内容包括两方面的要求：一是监控要覆盖汽车客运站重点部位。主要包括售票厅、候车大厅、“三品”检查岗、发车区、车辆出站检查口等处；二要进行实时监控。客运站要安排专人值守，对客运站生产经营中的状况通过监控终端不间断监控，发现情况及时通报处理	**查资料：** 视频监控记录。 **现场检查：** 1. 是否有覆盖安全重点部位视频监控设备；客运站安全重点部位，主要包括售票厅、候车大厅、车辆安检区、“三品”检查区、发车区、车辆出站检查口等处安全生产关键作业场所； 2. 视频监控设备是否进行实时监控	10	1. 无视频监控设备，不得分； 2. 无视频监控记录的，扣1分 3. 未设有覆盖安全重点部位视频监控设备，每缺1位置扣2分； 4. 视频监控设备未进行实时监控，每台扣1分	
		⑦企业应在客运站必要位置安装防撞桩	防撞柱又名防护柱、防护桩、警示桩，属于交通安全设备。分为固定式防护桩与活动式防护桩。贴黄黑或红白反光膜，或者喷漆，底部采用螺钉或钢钉固定。在客运站的必要位置，如旅客上下车等位置，安装防撞桩，可有效防止由车辆失控或其他原因造成的事故	**现场检查：** 客运站必要位置是否安装防撞桩	5	必要位置未安装防撞桩，每缺1位置扣1分	

续上表

评价类目	评价项目		释义	评价方法	标准分值	评价标准	得分
六、装备设施(90分)	设施	⑧企业应在售票厅、候车室、停车场等处设置宣传告示设备、安全警示标志、指示牌、示意图;悬挂安全警示图文、张贴旅客须知、禁运限运物品宣传图、安全宣传画、宣传标语	宣传告示设备包括电子显示屏、宣传橱窗、广播电视、触摸屏等;安全标志按照《安全标志及其使用导则》(GB 2894—2008)分为4类:禁止标志表示不准或制止人们的某种行为;警告标志使人们注意可能发生的危险;指令标志表示必须遵守,用来强制或限制人们的行为;提示标志示意目标地点或方向。 客运站应用宣传告示设备进行安全宣传,是客运站对乘客安全宣传、员工安全教育的重要载体和有效方式。客运站正确使用各类安全标志,能够及时提醒公众、科学引导公众,在一旦发生突发事件需要紧急疏散的情况下,防止事故、危害发生或减少人员伤亡	**现场检查**: 售票厅、候车室、停车场等处是否设置安全宣传告示设备、安全标志标识	15	1. 检查安全宣传告示设备和安全标志标识,必要位置未设置安全警示标识的,每处扣2分; 2. 售票厅、候车室、停车场等处未设置宣传告示设备,每处扣2分; 3. 未张贴旅客须知、禁运限运物品宣传图、安全宣传画、宣传标语,每处扣2分	

续上表

评价类目	评价项目		释　义	评价方法	标准分值	评价标准	得分
六、装备设施(90分)	设施	⑨企业各种设施、设备应维护良好	保证站场设施、设备性能完好是汽车客运站正常经营、安全生产的基础保障。客运站应严维护好各种设施、设备,保持其正常使用。具体维护要求有三个方面:一是要建立设施、设备台账,落实专人管理,明确管理责任,定期检测维修;二是设施设备检维修前应制定检维修计划方案,检维修中应执行隐患控制措施并进行监督检查。三是设施设备不得随意拆除、挪用或弃置不用;确因检维修拆除的,应采取临时安全措施,检维修完毕后立即复原	**查资料:** 1.设施设备台账; 2.设施设备维护记录。 **现场检查:** 设施设备维护是否良好	15	1.未建立设施设备台账的,扣5分; 2.设施设备功能失效的,每台扣2分; 3.无设施设备维护记录的,每缺1台扣1分	

续上表

评价类目	评价项目		释　义	评价方法	标准分值	评价标准	得分
七、科技创新与信息化(25分)	1.科技创新及应用	①企业应使用先进的、安全性能可靠的新技术、新工艺、新设备和新材料,优先选购安全、高效、节能的设备,不应使用明令淘汰的设备及工艺	客运站作为道路客运安全生产十分重要的安全保障单位之一,加快安全、高效、节能的先进设备改进和使用,对于提升安全管理能力和促进道路客运安全发展具有十分重要的意义。客运站应按照有关要求,积极推广应用安全性能可靠、先进适用的新技术、新工艺、新设备和新材料,加快国家规定的各项安全系统和装备建设,提高生产安全防护水平。这是对所有经营企业的一个普遍要求。 本条中的“新”,是指被国家有关部门认定、并列入鼓励发展的新技术、新工艺、新设备和新材料	**现场检查:** 是否使用新技术、新工艺、新设备和新材料等先进设备	5	未优先使用新技术、新工艺、新设备和新材料等先进设备,不得分	

续上表

评价类目	评价项目		释义	评价方法	标准分值	评价标准	得分
七、科技创新与信息化(25分)	1.科技创新及应用	②企业应设有安全生产管理系统或平台	安全生产管理信息系统是为安全生产管理部门开展安全生产检查、落实、监督等工作提供服务的计算机管理信息系统，可实现对客运站的基本情况登记、安全检查落实、设备年审等数据的本地录入、远程传送、统计分析、综合评估、报表打印等功能，为安全管理机构、相关主管部门提供安全生产管理工作的基本信息。 客运站应按要求推广和使用安全生产管理信息系统，提高客运站安全管理效率与水平	**现场检查：** 安全生产管理信息系统建立使用相关文件及名录/清单等。 常见管理系统如车站经营者管理系统、智能报班、出站安检等管理信息系统等	5	无安全生产管理信息系统，不得分	

续上表

评价类目	评价项目		释义	评价方法	标准分值	评价标准	得分
七、科技创新与信息化(25分)	1.科技创新及应用	③企业应利用现代科技手段,开展安全生产科技攻关	客运站(场)在安全生产经营活动中,应主动组织或参与政府有关部门组织行业科技攻关活动,逐步提高科技兴安能力。企业应加强加大安全生产科技投入力度,自主研究或与高等院校、科研机构、社会团体等合作,开发客运站安全生产管理系统等新产品。同时,积极参加或参与安全生产领域的科技攻关活动,加快站场先进生产技术引进、吸收和自主创新步伐	**查资料:** 企业开展安全生产科技攻关或课题研究及推广应用先进技术和先进管理方法的有关资料	5	1. 未开展安全科技攻关扣1分; 2. 未开展安全生产课题研究的扣1分; 3. 未应用先进技术装备的扣1分(高于通用或国家行业标准安全性能水平的技术装备); 4. 未应用先进管理方法的扣2分	

续上表

评价类目	评价项目		释义	评价方法	标准分值	评价标准	得分
七、科技创新与信息化(25分)	2.信息化	①企业应根据实际情况开展科技信息化系统的建设	安全生产管理系统通过对企业、单位的基本情况登记、安全检查落实、设备年审等数据的本地录入、远程传送、统计分析、综合评估、报表打印等功能,高效率、实时地为相关主管部门提供安全生产管理工作的基本信息,为安全生产管理实现管理规范化、科学化、信息化提供了现代化手段	**现场检查:** 安全生产管理信息系统的建立情况及信息化网络平台的使用情况	5	未建立的不得分;未有效使用扣2分	
		②企业应建立健全安全监管信息化软硬件设备安全管理制度	安全监管信息化软件、硬件是指安全生产管理信息系统或其他安全相关信息化软件、电子监控或安全检查设备等,对这些软、硬件的使用、日常维护等应有相应的管理制度,确保其正常有效的运行	**查资料:** 是否有健全的安全监管信息化软硬件设备安全管理制度	5	无健全的安全监管信息化软硬件设备安全管理制度,不得分	

续上表

评价类目	评价项目		释义	评价方法	标准分值	评价标准	得分
八、教育培训（85分）	1.培训管理	①企业应按规定开展安全教育培训，明确安全教育培训目标、内容和要求，定期识别安全教育培训需求，制定并实施安全教育培训计划	企业应确定安全教育培训主管部门，按规定及岗位需要，定期识别安全教育培训需求，制定、实施安全教育培训计划，提供相应的资源保证。 《中华人民共和国安全生产法》第十八条规定：生产经营单位的主要负责人对本单位安全生产工作负有下列职责：（三）组织制定并实施本单位安全生产教育和培训计划	**查资料：** 1. 安全教育培训制度； 2. 安全教育培训需求识别、汇总及分析； 3. 安全教育培训计划	5	1. 未制定安全教育培训制度，扣3分； 2. 安全教育培训制度内容未明确培训主管部门、培训需求和培训计划的制定等，每项扣1分； 3. 未定期识别培训需求的，扣2分； 4. 未根据培训需求制定培训目标、培训计划的，扣2分； 5. 培训计划内容未覆盖生产经营范围，不具有操作性的，每项扣1分	

续上表

评价类目	评价项目		释义	评价方法	标准分值	评价标准	得分
八、教育培训(85分)	1.培训管理	②企业应组织安全教育培训,保证安全教育培训所需人员、资金和设施	《安全生产培训管理办法》第十条 规定:生产经营单位应当建立安全培训管理制度,保障从业人员安全培训所需经费,对从业人员进行与其所从事岗位相应的安全教育培训。 《生产经营单位安全培训规定》第二十一条规定:生产经营单位应当将安全培训工作纳入本单位年度工作计划。保证本单位安全培训工作所需资金	**查资料:** 1. 培训教育计划和记录; 2. 安全费用投入计划。 **现场检查:** 询问管理、现场不同岗位3~5人接受安全教育的情况	5	1. 未按照培训计划开展安全教育培训的,每项(或人)扣1分; 2. 培训所需的必要人员、资金和设施未得到保证的,每项扣1分	

续上表

评价类目	评价项目		释义	评价方法	标准分值	评价标准	得分
八、教育培训(85分)	1. 培训管理	③企业应做好安全教育培训记录,建立从业人员安全教育培训档案	《生产经营单位安全培训规定》第二十二条规定:生产经营单位应当建立健全从业人员安全生产教育和培训档案,由生产经营单位的安全生产管理机构以及安全生产管理人员详细、准确记录培训的时间、内容、参加人员以及考核结果等情况	**查资料:** 1. 各类安全教育的记录; 2. 从业人员安全教育培训档案	5 AR	1. 未对安全教育培训做好记录的每次扣1分; 2. 安全教育培训档案、记录不准确的(培训时间、培训内容、主讲老师、参训人员、考核结果)每项扣1分	
		④企业应组织对培训效果的后评估,改进提高培训质量	为了更好地落实实施继续教育培训计划,企业应在每次教育培训结束后,对培训效果进行评审,以便及时发现培训过程中存在的问题,制定解决或优化方案,调整培训计划,改进提高培训教育质量	**查资料:** 1. 培训教育计划和记录; 2. 培训效果评估记录、改进措施相关文件	5	1. 无培训效果评估及改进措施,每缺1次扣1分; 2. 培训效果评估不真实的或改进措施不具体的,每项扣0.5分	

续上表

评价类目	评价项目		释义	评价方法	标准分值	评价标准	得分
八、教育培训(85分)	2.资格培训	①企业主要负责人和安全生产管理人员应具备与所从事的生产经营活动相适应的安全生产知识和安全生产管理能力,应由负有安全生产监督管理职责的部门对其安全生产知识和管理能力进行考核并达到合格,且每年应接受不少于国家或地方政府规定学时的再教育培训	企业的主要负责人和安全生产管理人员,要组织、领导本单位的安全生产管理工作,并承担保证安全生产的责任,这就要求企业的主要负责人和安全生产管理人员必须具备与本单位所从事的生产经营活动相适应的安全生产知识,同时具有领导安全生产管理工作和处理生产安全事故的能力。法律法规要求必须对其安全生产知识和管理能力进行考核的,须经考核合格后方可任职	**查资料:** 安全资格证书及培训档案	5 ★★★	1.主要生产经营管理人员未经企业内部考核上岗,不得分; 2.主要负责人未按有关规定进行再培训的,不得分; 3.其他管理人员未经培训考核合格或未按有关规定进行再培训的,不得分	

续上表

评价类目	评价项目		释　　义	评价方法	标准分值	评价标准	得分
八、教育培训(85分)	2.资格培训	②企业的特种设备作业人员应按有关规定参加安全教育培训，取得《特种设备作业人员证》后，方可从事相应的特种设备作业或者管理工作，并按规定定期进行复审	《特种设备作业人员监督管理办法》第二条规定：锅炉、压力容器（含气瓶）、压力管道、电梯、起重机械、客运索道、大型游乐设施、场（厂）内机动车辆等特种设备的作业人员及其相关管理人员统称特种设备作业人员。特种设备作业人员作业种类与项目目录见本办法附件。从事特种设备作业的人员应当按照本办法的规定，经考核合格取得《特种设备作业人员证》，方可从事相应的作业或者管理工作。 《特种设备作业人员监督管理办法》第二十二条规定：《特种设备作业人员证》每4年复审一次。持证人员应当在复审期满3个月前，向发证部门提出复审申请。复审合格的，由发证部门在证书正本上签章。对在2年内无违规、违法等不良记录，并按时参加安全培训的，应当按照有关安全技术规范的规定延长复审期限。	**查资料：** 1. 特种设备台账； 2. 特种设备作业人员台账； 3. 特种作业人员的《特种设备作业人员证》	5 ★★	1. 特种设备作业人员未取得《特种设备作业人员证》的，或《特种设备作业人员证》未定期复审的不得分； 2. 未建立特种设备作业人员台账的（内容包括岗位、姓名、特种设备作业人员证编号、初次取证时间、复审时间、有效期等），每人次扣1分	

续上表

评价类目	评价项目		释义	评价方法	标准分值	评价标准	得分
八、教育培训(85分)	2. 资格培训		复审不合格的应当重新参加考试。逾期未申请复审或考试不合格的,其《特种设备作业人员证》予以注销。 跨地区从业的特种设备作业人员,可以向从业所在地的发证部门申请复审				
		③企业的特种作业人员应经专门的安全技术培训并考核合格,取得《中华人民共和国特种作业操作证》后,方可上岗作业,并按规定定期进行复审。离开特种作业岗位6个月以上的特种作业人员,应重新进行实际操作考试,经确认合格后方可上岗作业	《中华人民共和国安全生产法》第二十七条规定:生产经营单位的特种作业人员必须按照国家有关规定经专门的安全作业培训,取得相应资格,方可上岗作业。 特种作业人员的范围由国务院安全生产监督管理部门会同国务院有关部门确定	**查资料:** 1. 特种作业人员台账; 2.《特种作业操作证》	5 AR	1. 特种作业人员未持证上岗或《特种作业操作证》到期未进行复审,每人扣1分; 2. 离开特种作业岗位6个月以上的特种作业人员,未重新进行实际操作考试,经确认合格后上岗作业的每人扣1分; 3. 未建立特种作业人员台账的(内容包括特种作业工种、姓名、特种作业操作证书编号、初次取证时间、复审时间、有效期等),每缺1人扣1分	

续上表

评价类目	评价项目		释义	评价方法	标准分值	评价标准	得分
八、教育培训(85分)	3.宣传教育	企业应组织开展安全生产的法律、法规和安全生产知识的宣传、教育	企业应将安全生产法律法规的培训学习要求,纳入到企业制定的安全学习培训制度中,将适用的安全生产法律法规、标准规范及其他要求及时传达给从业人员。企业应对新的重要的法律法规进行专门培训,并对学习情况进行考核	**查资料:** 安全生产法律法规、标准及其他要求宣传、培训相关记录资料。 **询问:** 询问3~5人接受安全生产的法律、法规和安全生产知识的宣传、教育情况	5	1.无安全生产法律法规、标准及其他要求宣传、培训相关记录资料的(培训通知、培训签到表、培训记录表、培训效果评估),扣3分; 2.至少随机抽查3~5名人员,不熟悉本岗位适用的安全生产法律法规、标准及其他要求的,每人扣1分	

续上表

评价类目	评价项目		释　　义	评价方法	标准分值	评价标准	得分
八、教育培训(85分)	4.从业人员培训	①未经安全生产培训合格的从业人员，不得上岗作业	《中华人民共和国安全生产法》第二十五条规定：生产经营单位应当对从业人员进行安全生产教育和培训，保证从业人员具备必要的安全生产知识，熟悉有关的安全生产规章制度和安全操作规程，掌握本岗位的安全操作技能，了解事故应急处理措施，知悉自身在安全生产方面的权利和义务。未经安全生产教育和培训合格的从业人员，不得上岗作业。 《中华人民共和国安全生产法》第二十四条规定：生产经营单位的主要负责人和安全生产管理人员必须具备与本单位所从事的生产经营活动相应的安全生产知识和管理能力。 危险物品的生产、经营、储存单位以及矿山、金属冶炼、建筑施工、道路运输单位的主要负责人和安全生产管理人员，应当由主管的负有安全生产监督管理职责的部门对其安全生产知识和管理能力考核合格。考核不得收费	**查资料：** 1. 从业人员安全教育和培训档案； 2. 企业从业人员档案	5	新进人员，未经培训合格上岗作业的，每人次扣1分	

续上表

评价类目	评价项目		释　义	评价方法	标准分值	评价标准	得分
八、教育培训(85分)	4.从业人员培训	②从业人员应每年接受再培训,培训时间不得少于规定学时	《中华人民共和国安全生产法》第二十五条规定:生产经营单位应当对从业人员进行安全生产教育和培训,保证从业人员具备必要的安全生产知识,熟悉有关的安全生产规章制度和安全操作规程,掌握本岗位的安全操作技能。未经安全生产教育和培训合格的从业人员,不得上岗作业。 《生产经营单位安全培训规定》第九条规定:生产经营单位主要负责人和安全生产管理人员初次安全培训时间不得少于32学时。每年再培训时间不得少于12学时	**查资料:** 从业人员安全培训教育档案	5	1.企业年度安全教育培训计划未明确从业人员每年接受再培训的,扣2分; 2.未按照培训计划要求组织开展从业人员年度再培训的,每少1次扣2分; 3.从业人员年度再培训少于规定学时的,每少1人扣1分	

续上表

评价类目	评价项目		释义	评价方法	标准分值	评价标准	得分
八、教育培训(85分)	4.从业人员培训	③对离岗1年重新上岗、转换工作岗位的人员,应进行岗前培训。培训内容应包括安全法律法规、安全管理制度、岗位操作规程、风险和危害告知等,与新岗位安全生产要求相符合	《生产经营单位安全培训规定》规定:从业人员在本生产经营单位内调整工作岗位或离岗1年以上重新上岗时,应当重新接受车间(工段、区、队)和班组级的安全培训	**查资料:** 从业人员安全培训教育档案	5	对离岗一年重新上岗、转换工作岗位的人员未进行岗前安全培训教育,每人次扣2分	
		④应对新员工进行三级安全教育培训,经考核合格后,方可上岗。培训时间不得少于规定学时	《生产经营单位安全培训规定》第十二条规定:加工、制造业等生产单位的其他从业人员,在上岗前必须经过厂(矿)、车间(工段、区、队)、班组三级安全培训教育。 生产经营单位应当根据工作性质对其他从业人员进行安全培训,保证其具备本岗位安全操作、应急处置等知识和技能。 《生产经营单位安全培训规定》第十三条规定:生产经营单位新上岗的从业人员,岗前安全培训时间不得少于24学时	**查资料:** 1.对新员工的三级安全教育培训记录; 2.三级安全教育培训后的考核记录; 3.员工名册,必要时抽查劳动合同	5 AR	1.未对新员工进行三级安全教育培训的,每人次扣1分; 2.存在三级安全教育培训考核不合格上岗员工的,每人次扣1分; 3.三级安全教育培训学时少于24学时的,每人次扣1分	

续上表

评价类目	评价项目		释义	评价方法	标准分值	评价标准	得分
八、教育培训(85分)	4. 从业人员培训	⑤企业使用被派遣劳动者的,应纳入本企业从业人员统一管理,进行岗位安全操作规程和安全操作技能的教育和培训	《中华人民共和国安全生产法》第二十五条规定:生产经营单位使用被派遣劳动者的,应当将被派遣劳动者纳入本单位从业人员统一管理,对被派遣劳动者进行岗位安全操作规程和安全操作技能的教育和培训。劳务派遣单位应当对被派遣劳动者进行必要的安全生产教育和培训	**查资料:** 1. 劳务派遣人员名单; 2. 安全教育培训档案	5	劳务派遣人员未进行岗位安全操作规程和安全操作技能教育和培训的,每人次扣1分	
		⑥应在新技术、新设备投入使用前,对管理和操作人员进行专项培训	《中华人民共和国安全生产法》第二十六条规定:生产经营单位采用新工艺、新技术、新材料或者使用新设备,必须了解、掌握其安全技术特性,采取有效的安全防护措施,并对从业人员进行专门的安全生产教育和培训	**查资料:** 1. 新技术、新设备投入使用资料; 2. 安全教育培训档案。 **询问:** 现场询问新技术、新设备岗位人员培训情况	5	1. 新技术、新设备投入使用前,未对管理和操作人员进行专项培训的,每人次扣2分; 2. 专项培训记录档案资料不完善的,每次扣1分	

续上表

评价类目	评价项目		释义	评价方法	标准分值	评价标准	得分
八、教育培训（85分）	4.从业人员培训	⑦企业应对相关方进行安全教育，安全教育记录应及时归档	汽车客运站应确定各安全重点相关方的归口管理部门，遵循谁管理其业务，谁对其施加职业健康安全控制影响的原则，并由安全管理部门负责对相关部门的相关方管理进行监督。企业确定的重点相关方，包括劳务派遣相关方的外来务工人员，应对其监督管理和现场管理提出具体要求，包括相关方作业所在现场部门的监督管理职责和要求、公司安全管理规定及安全注意事项等	**查资料：** 对相关方进行安全教育的记录	5	无对相关方进行安全教育的记录，不得分	

续上表

评价类目	评价项目		释　义	评价方法	标准分值	评价标准	得分
八、教育培训(85分)	4.从业人员培训	⑧企业应告知外来参观、学习等人员有关安全规定及安全注意事项	汽车客运站对外来参观、学习等有关人员应进行安全教育,告知其公司安全管理规定及安全注意事项	**查资料:** 对外来参观、学习人员进行安全告知的制度、记录	5	无对外来参观、学习人员进行安全告知的制度、记录的,不得分	
	5.规范档案	企业应当建立安全生产教育和培训档案,如实记录安全生产教育和培训的时间、内容、参加人员以及考核结果等情况	《中华人民共和国安全生产法》第二十五条规定:生产经营单位应当建立安全生产教育和培训档案,如实记录安全生产教育和培训的时间、内容、参加人员以及考核结果等情况	**查资料:** 1. 培训教育计划和记录; 2. 培训效果评估记录、改进措施相关文件。 **现场检查:** 询问3~5人接受安全教育的情况	5	1. 无教育培训档案记录不得分; 2. 教育培训档案记录不真实、不准确的(培训的时间、内容、参加人员以及考核结果),每处扣1分	

续上表

评价类目	评价项目		释　义	评价方法	标准分值	评价标准	得分
九、作业管理(265分)	1.作业现场	企业应严格执行操作规程和安全作业规定	生产经营单位应当具备《安全生产法》和有关法律、行政法规和国家标准或者行业标准规定的安全生产条件;不具备安全生产条件的,不得从事生产经营活动。 客运站应加强生产现场监督检查,严格查处违章指挥、违章操作、违反劳动纪律的"三违"行为	**查资料:** 建立符合安全管理要求的岗位操作规程: ①围绕岗位设置应建立汽车站安全员、报班员、售票员、三品检查员、行包托运岗位人员、车辆安全例检员、出站检查员、途中安全检查点人员等岗位人员的安全操作规程; ②围绕设备使用应建立三品检测仪、车辆安检系统、电子报班系统、出站电子安检系统、消防电子监控系统操作规程; ③作业活动的负责人应严格按照作业文件的规定组织和指挥	10 AR	1.未建立从业人员"三违"行为检查处理记录的,扣10分; 2.岗位操作规程不符合安全管理要求或不符合企业实际情况的,扣5分; 3.操作规程或安全生产作业规定未严格执行的,扣5分; 4.记录不连续的,扣5分	

续上表

评价类目	评价项目		释　义	评价方法	标准分值	评价标准	得分
九、作业管理(265分)	1.作业现场			生产作业活动,作业人员应严格执行安全操作规程,不违章作业,作业人员在进行危险作业时,应持相应的作业许可证作业; ④生产作业必须落实安全防护措施。作业监护人员应具备基本救护技能和作业现场的应急处理能力,作业过程中不得擅离职守; ⑤建立交接班制度并做好交接班记录。发现潜在的或已发生的危及作业人员安全的状况,在交接班时应交代清楚,并做好记录。 **现场检查:** 违章指挥、违章作业和违反劳动纪律("三违")现象			

续上表

评价类目	评价项目		释义	评价方法	标准分值	评价标准	得分
九、作业管理（265分）	2.安全值班	企业应制定并落实值班计划和值班制度，重要时期实行领导到岗带班，有值班记录	客运站主要负责人、领导班子成员和生产经营管理人员要认真执行现场带班的规定，认真制订本企业领导成员带班制度，立足现场安全管理，加强对重点部位、关键环节的检查巡视，及时发现和解决问题，并据实做好交接。发生事故而没有领导现场带班的，安监部门将对企业给予规定上限的经济处罚，并依法从重追究企业主要负责人的责任	**查资料：** 1. 企业值班（带班）制度； 2. 企业安全生产值班计划； 3. 安全生产值班记录	5	1. 无企业值班制度，扣2分； 2. 无安全生产值班计划，扣2分； 3. 无安全生产值班记录，不得分； 4. 领导未到岗的，每人扣1分	

续上表

评价类目	评价项目		释　义	评价方法	标准分值	评价标准	得分
九、作业管理(265分)	3.相关方管理	①两个以上生产经营单位在同一作业区域内进行生产经营活动,可能危及对方生产安全的,相关方应签订安全生产管理协议,明确各自的安全生产管理职责和应采取的安全措施,并指定专职安全生产管理人员进行安全检查与协调	相关方指与汽车客运站在生产经营过程中产生关联关系的另一方,包括工程承包商、设备供应商、服务对象等。这里是指与汽车客运站在同一作业区域内共用同一设施进行生产经营、可能危及生产安全的另外一方。如果汽车客运站有与另外一方或多方共用同一设施的,应当签订安全生产管理协议,明确各自的安全生产管理职责和应当采取的安全措施,并指定专职安全生产管理人员进行安全检查与协调	**查资料:** 1. 承包商、供应商等相关方管理制度; 2. 相关方之间的安全生产协议; 3. 相关方安全生产检查记录。 **现场检查:** 相关方作业现场管理	5	1. 未签订安全生产协议书的,每项扣2分; 2. 安全生产协议书内容不符合要求,每项扣1分; 3. 无指定的安全生产管理人员或现场安全检查和协调记录的,扣2分	

续上表

评价类目	评价项目		释义	评价方法	标准分值	评价标准	得分
九、作业管理(265分)	3.相关方管理	②企业应与外来施工(作业)方签订安全协议,明确双方各自的安全责任	外来人员进入本企业作业区域应遵守本公司安全规定,进入作业区域前,应经企业安全管理部门和接待部门的安全培训,并在本企业人员陪同下,进入作业区域。外来施工(承包)单位必须提供相应资质证明原件及复印件,外来施工(承包)单位作业人员入厂及进入作业现场前由安全管理部门和接待部门对其进行单位安全管理制度、风险管理要求、安全注意事项、作业现场有关规定及事故应急处理措施的培训	**查资料:** 与外来施工(作业)方签订的安全协议,协议内容应明确双方各自的安全责任	5	1. 无与外来施工(作业)方签订的安全协议,每次扣2分; 2. 安全协议中未明确双方各自的安全责任的,扣3分	

续上表

评价类目	评价项目		释义	评价方法	标准分值	评价标准	得分
九、作业管理(265分)	3.相关方管理	③企业应对短期合同工、临时用工、实习人员、外来参观人员、客户及其车辆等进入作业现场有相应的安全管理制度和措施	对短期合同工、临时用工、实习人员,应经企业安全管理部门的安全培训后上岗,外来参观学习人员由安全管理部门和接待部门对其进行本单位安全管理制度及现场存在的危险因素和注意事项的教育	**查资料:** 对短期合同工、临时用工、实习人员、外来参观人员、客户及其车辆等进入作业现场有相应的安全管理制度和措施	5	无对短期合同工、临时用工、实习人员、外来参观人员、客户及其车辆等进入作业现场有相应的安全管理制度和措施的,每项扣1分	
		④企业应制定并落实三品(易燃、易爆、危禁品)查堵制度、防止“三品”进站上车的有效措施	“三品”指国家规定不能携带上车或托运的易燃、易爆、易腐蚀物品。客运站应建立危险品查堵制度,制定危险品检查工作程序,设立专门的危险品查堵岗位,在进站口等关键环节对进站旅客携带的行李物品和托运行包进行安全检查,对查获的危险品要进行登记并妥善保管或者按规定处理	**查资料:** 1.“三品”查堵制度;“三品”制度必须对岗位安全要求、工作职责、人员数量配置、操作要领进行规范; 2.“三品”检查员岗位职责; 3.“三品”检查工作流程或操作规程	10 ★★★	1.无“三品”查堵制度,不得分;“三品”制度要对岗位安全要求、工作职责、人员数量配置、操作要领进行规范; 2.无“三品”检查员岗位职责,不得分; 3.无“三品”检查工作流程或操作规程,不得分	

续上表

评价类目	评价项目		释义	评价方法	标准分值	评价标准	得分
九、作业管理(265分)	3.相关方管理	⑤企业应制定三品检查工作程序,设立专门的"三品"查堵岗位,配有"三品"检查员。对进站旅客携带的行李物品和托运行包进行安全检查,对查获的三品要进行登记并按有关规定妥善处理,应做到三品不进站	汽车客运站应当制定"三品"检查工作程序,从"三品"检查工作准备、"三品"检查工作进行、"三品"检查工作中的特殊情况处理、"三品"检查工作交接等方面作详尽的描述和规定;在关键位置设置"三品"检查岗位,如候车厅、行包托运处等处,以醒目的标志提示旅客配合行包检查;根据客运站经营时间及业务量配备一定数量的"三品"检查员,明确其工作职责。"三品"检查员要求工作责任心强,具备"三品"检查技能,熟练"三品"检查操作,熟悉"三品"处理规定	**查资料:** 1."三品"查堵制度; 2."三品"检查员岗位职责; 3."三品"检查工作流程或操作规程; 4."三品"查处记录。 **现场检查:** 1.是否设立"三品"查堵岗位; 2.是否配有"三品"检查员; 3.是否对进站旅客携带的行李物品和托运行包进行安全检查; 4.是否对查获的"三品"进行登记并按有关规定妥善处理。 **询问:** "三品"检查员是否熟悉和了解所从事的工作	10 ★★	1.未制定"三品"检查工作程序的,扣2分;未设立"三品"查堵岗位,扣2分;未配有"三品"检查员,扣2分; 2.随机抽查,"三品"检查员对职责不熟悉,每人次扣2分; 3.无"三品"查处记录,扣5分;记录内容不清晰(对查获的三品流向登记不明确)、不连续(超过1天的)的,每项扣2分; 4.未对进站旅客携带的行李物品和托运行包进行安全检查,一次扣1分;未对查获的"三品"进行登记并按有关规定妥善处理,一次扣1分	

续上表

评价类目	评价项目		释义	评价方法	标准分值	评价标准	得分
九、作业管理(265分)	4.车辆例检	①企业例检场所应满足车辆例检的作业要求,例检场地地面应坚实、平整,并具备防风、防淋、防晒及良好的采光、照明和通风等条件。例检场所应配置对讲设备。例检场所应设有供检查客车使用的地沟或举升装置。举升装置应满足GB 27695—2011等标准规范的相关要求	客运站车辆安全例行检查的各项具体规定,保证营运客车安全例行检查规范化。客运站要做到安检有场地设施,例检场地地面应坚实、平整,并具备防风、防淋、防晒及良好的采光、照明和通风等条件;有安检人员,有操作规程,检查内容符合《汽车客运站营运客车安全例行检查项目及要求》,能够保证对进站客车按规定的时间求进行安全例行检查	**现场检查:** 1. 例检场所是否满足车辆例检作业的要求,是否配备对讲设备; 2. 例检场所是否设有供检查客车使用的地沟或举升装置,举升装置是否满足相关要求	5	1. 例检场所未满足车辆例检作业的要求的,扣2分; 2. 例检场所未设有供检查客车使用的地沟或举升装置或举升装置不满足相关要求的,扣3分; 3. 无对讲设备的,扣1分	

续上表

评价类目	评价项目		释　义	评价方法	标准分值	评价标准	得分
九、作业管理(265分)	4.车辆例检	②企业应设置明显的车辆通行指示标志。应在例检场所醒目位置公布安全例检流程图示	客运站应按照《汽车客运站营运客车安全例行检查项目及要求》,在安全列检场所醒目位置设置明显的车辆通行指示标志,公布安全列检流程图示	**现场检查:** 1. 例检场所是否设置明显的车辆通行指示标志; 2. 例检场所醒目位置是否公布安全例检流程图示	5	1. 例检场所未设置明显的车辆通行指示标志,扣2分; 2. 例检场所醒目位置未公布安全例检流程图示,扣3分	
		③企业应按规定配备专门的安全例检人员。安全例检人员应熟悉客车结构、检验方法和相关技术标准,企业应对安全例检人员进行客车安全例行检查岗前专项培训并考核合格	客运站一是要配备专门的安全例检人员,在人员数量上能够保证满足车辆安全例行检查的需要;二是安全例检人员要具备一定的条件。安全例检人员应熟悉客车结构、检验方法和相关技术标准,并经考核合格	**查资料:** 1. 客运站安全例检人员应按照《汽车客运站营运客车安全例行检查工作规范》要求,根据日检车辆数量配备; 2. 安全例检人员培训记录。 **询问:** 安全例检人员是否熟悉和了解所从事的工作	5	1. 未足额配备车辆安全例检员的,每缺1人扣2分; 2. 无安全列检人员培训记录的,扣3分; 3. 随机抽查,安全例检人员对职责不熟悉,每人次扣1分	

续上表

评价类目	评价项目		释义	评价方法	标准分值	评价标准	得分
九、作业管理(265分)	4.车辆例检	④企业应按规范填写车辆安全例检记录,建立健全例检台账	应按照《汽车客运站营运客车安全例行检查技术规范》的要求进行检查,并填写检查记录	**查资料:** 1.抽查连续6个月的《车辆安全例行检查表》; 2.安全例检台账	5	1.《车辆安全例行检查表》无记录,不得分; 2.未按规范填写的,每表扣0.5分; 3.无安全例检台账,扣3分	
		⑤企业对检查符合要求的营运车辆,安全例检人员签发安全例行合格通知单;例检不合格的营运车辆,安全例检人员开具不合格项目告知单,并按规定维修和复检	《安全例检合格通知单》是客车安全例检合格的证明和凭证,是客车发班、出站的重要依据。《安全例检合格通知单》经安全例检人员签字并加盖汽车客运站安全例行检查印章,是体现安全例检人员、安全例检机构责任的一种举措,是对安全例检结果及其有效性的一种确认,以确保于车辆安全例行检查结果报告的合法性、真实性、严肃性	**查资料:** 抽查连续6个月的《车辆安全例行检查表》和《安全例检合格通知单》	5	1.对检查不符合要求的客车,出具《安全例检合格通知单》的,不得分; 2.《安全例检合格通知单》未经安全例检人员签字或加盖汽车客运站安全例行检查印章,不得分	

续上表

评价类目	评价项目		释　　义	评价方法	标准分值	评价标准	得分
九、作业管理（265分）	5.车辆出站前检查	①企业应制定并落实车辆出站检查制度。存在以下情况的客车不应发车出站： a. 超载； b. 安全例检不合格； c. 驾驶员资格不符合要求； d. 客车证件不齐全； e. 出站登记表未经审核签字； f. 乘客和驾驶员不系安全带，或未经受检客车驾驶员签字确定	车辆出站前检查，是确保“六不出站”的客观要求，是客运站安全生产的关键环节。汽车客运站必须制定车辆出站检查制度，做到车辆出站前检查规范化。制度应以确保“六不出站”为目标，设置工作流程，明确岗位责任，细化工作措施，还要专门制定针对在出站检查中发现有违反上述规定的处理措施。 在制度落实上，客运站应做到人员落实、责任落实、措施落实，严格检查、严格监督、严格考核	**查资料：** 1. 车辆出站检查制度； 2. 抽查连续6个月的《汽车客运站车辆出站登记表》	10 ★★★	1. 未制定车辆出站检查制度的，不得分； 2.《汽车客运站车辆出站登记表》无记录，不得分	

续上表

评价类目	评价项目		释　义	评价方法	标准分值	评价标准	得分
九、作业管理(265分)	5.车辆出站前检查	②企业车辆出站前应进行检查，主要内容包括：安全例检合格通知单、驾驶证、从业资格证、行驶证、道路运输证、线路标志牌、核载人数及实载人数等	安全例检合格通知单的检查应核实检测车辆，是否与出站车辆相符；核对检测日期，是否处于有效期内；查看检测人员签字、检测机构签章，有无漏签，弄虚作假现象。 驾驶证的检查应核实驾驶员，是否为实际驾驶人，是否与准驾车型一致。 道路运输证的检查应核实是否与出站车辆相符，是否与行驶证信息相符，是否按期进行了审验。 从业资格证的检查应核实驾驶员是否为实际从业者，是否与从业类型一致。 线路标志牌的检查应核是否与出站车辆相符，核实批准线路是否与发班线路一致，是否在有效期内。 核载人数的检查结合行驶证、道路运输证的检查一并进行，实载人数的检查以现场核实为主	**查资料：** 抽查连续6个月的《汽车客运站车辆出站登记表》是否按规定内容进行填写	5	1.未按规定内容进行填写《汽车客运站车辆出站登记表》，每发现1项扣1分； 2.对出站车辆未进行检查登记的，每缺1车次扣1分	

续上表

评价类目	评价项目		释义	评价方法	标准分值	评价标准	得分
九、作业管理(265分)	5.车辆出站前检查	③企业车辆出站门检应核查实际载客人数,并签字确认	车辆出站时检查实际载客人数,是车辆出站门检环节的一个必检内容,目的在于确保超载客车不出站。经出站检查符合要求的客车,汽车客运站出站检查人员应当在“出站登记表”上进行记录,并经受检客车驾驶员签字确认。由驾驶员对核查结果签字确认,是对客运站出站门检工作的监督,也是增强驾驶员安全责任意识的手段	**现场检查:** 车辆出站检查人员是否上车核查实际载客人数	5	1.车辆出站检查人员未上车核查实际载客人数,不得分; 2.《汽车客运站车辆出站登记表》未经驾驶员签字确认,每次扣1分	

续上表

评价类目	评价项目		释　　义	评价方法	标准分值	评价标准	得分
九、作业管理（265分）	6.停车场管理	①企业应对客运站实行封闭式管理。停车场内区间划分明确，有导航及警示图表。实行车辆进出分道、人车分道，发车区、停车区、上下客区分区管理。应做到危险品不进站、无关人员不进站（发车区）、无关车辆不进站	封闭式管理是实现“三不进站”“六不出站”的根本保障和途径，而车辆进出分道、人车分道，发车区、停车区、上下客区分区是封闭式管理的基本要求。对区间进行明确划分，设置导航及警示图表，对道路旅客运输经营者、旅客可起到较好的提示、警示作用，有利于汽车客运站安全管理	**现场检查：** 1.客运站是否实行封闭式管理； 2.停车场内区间划分是否明确； 3.停车场内区间是否有指示标识	10	1.客运站未实行封闭式管理，扣10分； 2.停车场未实行划分区域的，扣5分； 3.停车场内区间无指示标识，扣2分	
		②企业停车场内应有专人指挥，调度车辆进站发车，疏导旅客，停车整齐规范，人流、车流有序，安全通道畅通	这里所说的停车场，包括客运站发车区和待班区。加强停车场现场管理，旨在确保无关人员、车辆不进站，杜绝站内安全事故的发生。为此，汽车客运站需要安排专人管理，认真履行待班区、发车区现场管理职责，指挥调度车辆，疏导劝离进入停车场的旅客，以达到停车规范、人流、车流有序的目标	**查资料：** 站场安全巡视制度及安全巡视人员排班巡查登记表。 **现场检查：** 1.停车场内是否有专人管理； 2.车辆是否停放整齐； 3.人流、车流是否有序，安全通道是否畅通	5	1.无站场安全巡视制度及安全巡视人员排班巡查登记表的，扣5分； 2.停车场未实行专人指挥和调度车辆的，扣5分； 3.现场车辆停放不整齐，扣2分；人流、车流混乱或安全通道不畅通，扣3分	

续上表

评价类目	评价项目		释义	评价方法	标准分值	评价标准	得分
九、作业管理(265分)	7.站务管理	①企业应与道路旅客运输经营者签订安全责任协议,依法明确双方的安全责任	与道路旅客运输经营者签订安全责任协议,主要是明确客运站与道路旅客运输经营者双方在安全管理方面的权利和义务。从站方而言,签订安全责任协议,可以进一步取得道路旅客运输经营者支持和配合,有助于客运站落实相关安全管理法律、法规、规章、制度、措施	**查资料:** 查与道路旅客运输经营者签订安全责任协议及相关内容	5	未与道路旅客运输经营者签订安全责任协议或者在进站协议中明确双方的安全责任、义务的,不得分	
		②企业应严格按客车核定人数售票、检票	按照车辆核定载客限额售票是汽车客运站防止超载车辆出站的重要基础工作。汽车客运站首先要做好售票环节的工作,确保不售超员票。有计算机售票系统的,要做到与报班、发班车辆核载座位信息的同步衔接;其次要做好检票环节的工作,客运站要设置检票工作岗位,对规定应持有证件乘车的旅客,检票工作人员应认真核对客票和证件是否相符,禁止无票人员进入发车场	**现场检查:** 是否按客车核定载客人数售票、检票	5	抽查发现有超过客车核定人数售票或检票的,不得分	

续上表

评价类目	评价项目		释义	评价方法	标准分值	评价标准	得分
九、作业管理(265分)	7.站务管理	③企业应制定并落实车辆报班制度	报班管理制度是客运站安全管理一项重要工作，客运站经营企业应按规定加强车辆报班管理，保证进站客运经营者在发车30分钟前备齐相关证件进站等待发车，不得误班、脱班、停班。但因车辆维修、肇事、丢失或者交通堵塞等特殊原因不能按时应班、并且已提前告知客运站经营者的除外。进站客运经营者因故不能发班的，应当提前1日告知客运站经营者，双方要协商调度车辆顶班。对无故停班达3日以上的进站班车，客运站经营者应当报告当地道路运输管理机构。对不按规定待班，误班、脱班的，客运站在制度中明确惩戒措施。 报班时，应对车辆所持证件严格审查，合格的方准予报班	**查资料：** 1.车辆报班制度； 2.车辆报班审查登记台账	5	1.未制定驾乘人员报班制度的，扣5分； 2.未落实的，扣2分	

续上表

评价类目	评价项目		释义	评价方法	标准分值	评价标准	得分
九、作业管理(265分)	7.站务管理	④营运客车安全例检不合格的车辆,调度部门不应调度客车发班	安全例检合格通知单制度是保证“六不出站”的关键措施之一,客运站经营企业调度部门在调度客车发班时,对其“安全例检合格通知单”进行检查,确认完备有效后才准予报班。安全例检合格通知单的检查应核实检测车辆,是否与出站车辆相符;核对检测日期,是否处于有效期内;查看检测人员签字、检测机构签章,有无漏签,弄虚作假现象	**查资料:** 客车调度记录和《安全例检合格通知单》	5 ★★★	1.抽查发现在调度客车发班时,未对《安全例检合格通知单》进行检查的,不得分; 2.《安全例检合格通知单》不完备、填写不规范的,不得分; 3.营运客车安全例检不合格的车辆,调度部门仍调度客车发班的,不得分	
		⑤因天气、路况等原因影响行车安全时,企业视情况发车或要求停班	特殊情况下停班管理是保证道路客运安全的一项重要措施,是以人为本原则的具体体现。在天气、路况等原因影响行车安全时,客运站必须视情发车或按照行业主管部门要求停班,遏制事故发生	**查资料:** 1.《汽车客运站车辆出站登记表》和停班记录; 2.特殊天气下的发班应急措施或预案	10	1.未实行特殊天气下的发班应急措施或预案的,扣10分; 2.抽查发现因天气、路况等原因影响行车安全时,继续发车或未按要求停班的,每车次扣5分	

续上表

评价类目	评价项目		释　义	评价方法	标准分值	评价标准	得分
九、作业管理(265分)	7.站务管理	⑥企业应对行经三级以下公路的客运班线,合理安排发班时间,避免夜间通行	对经三级以下道路的客运班线车辆进行特别管理是保证道路客运安全的一项重要措施,客运站应按照有关要求,加强行经三级以下道路客运班车辆的管理。 本条提到的“三级以下道路”包括三级公路、四级公路、非等级公路,夜间指当日晚22时至次日6时。汽车客运站在安排发班时间时,应将班线客车是否通行三级及三级下公路因素考虑进去,避开夜间通行	**查资料:** 客运站进站车辆排班规则,汽车客运站在安排发班时间时,应将班线客车是否通行三级及三级下公路因素考虑进去,避开夜间通行	5	未审核和确认进站经营者避免班车在有安全隐患的三级以下道路夜间运行的,扣5分	
		⑦企业客运班次安排应科学合理,往返班次有足够的途中作业时间和休息时间	对班次时间安排的特别管理是保证道路客运安全的一项重要措施。客运站经营企业应坚持公平、公正原则,合理安排发车时间,公平售票,保证往返班次有足够的途中作业时间和休息时间。这种安排,可以有效避免因班次安排不合理的客观原因而出现驾驶员途中超速及疲劳驾驶等违章现象	**查资料:** 1. 客运站进站车辆排班规则; 2. 客车排班调度工作记录	5	1. 未审核班次安排合理性的,每项扣1分; 2. 存在班次安排不合理的,每项扣1分	

续上表

评价类目	评价项目		释　义	评价方法	标准分值	评价标准	得分
九、作业管理(265分)	7.站务管理	⑧企业班车每日运行里程超过400km(高速公路直达客运超过600km)的，按规定要求车辆配备两名以上驾驶员	《道路旅客运输企业安全管理规范》第三十九条规定：客运企业应当严格遵守长途客运驾驶员配备要求： (一)单程运行里程超过400km(高速公路直达客运超过600km)的客运车辆应当配备2名及以上客运驾驶员； (二)实行接驳运输的，且接驳距离小于400km(高速公路直达客运小于600km)的，客运车辆运行过程中可只配备1名驾驶员，接驳点待换驾驶员视同出站随车驾驶员	**查资料：** 1.查车站超长线路车辆排班规则对驾驶员的配备要求； 2.连续6个月的汽车客运站车辆出站登记表。 **现场检查：** 客运站出站安全检查岗位对长途客运车辆出站时驾驶人员检查登记情况。 **询问：** 出站安全检查岗位对长途客运车辆出站时驾驶员检查要求熟悉情况	10 ★★★	应严格对照车辆行驶记录核查，每日运行里程超过400km(高速公路直达客运超过600km)的营运车辆必须配备2名以上驾驶员，不符合不得分	
		⑨企业应落实安检及安全通道的安全检查等内容	客运站应严格落实车辆安检制度，经常检查安检制度落实情况，检查安全通道是否畅通	**查资料：** 查企业安全检查记录	5	无对安检制度及安全通道落实情况的检查记录，不得分	

续上表

评价类目	评价项目		释　义	评价方法	标准分值	评价标准	得分
九、作业管理（265 分）	8. 个体防护	①企业应根据接触危害的种类、强度，为从业人员提供符合 GB/T 11651—2008 要求的个体防护用品和器具，并监督、教育从业人员正确佩戴、使用	《中华人民共和国安全生产法》规定：生产经营单位必须为从业人员提供符合国家标准或行业标准的个体防护用品和器具，并监督、教育从业人员正确佩戴、使用	**现场检查：** 1. 作业区域是否配备足够的个体防护用品和器具； 2. 是否有安全检查人员对从业人员个体防护器具佩戴情况进行检查	5	1. 生产经营单位未配备个体防护器具的，扣 5 分； 2. 没有安全人员对个体防护器具进行检查的，扣 3 分； 3. 无教育培训记录的，扣 2 分	
		②企业各种防护器具应定点存放在安全、方便的地方，并有专人负责保管、检查，定期校验和维护，每次校验后应记录、挂有标识，并明确下次检验时间	企业各种防护器具应定点存放在安全、方便的地方，并有专人负责保管、检查，定期校验和维护，每次校验后应记录、铅封	**查资料：** 1. 查个体防护器具的定期检验维护记录； 2. 查防护器具的检验标识。 **现场检查：** 1. 各种防护器具是否定点存放； 2. 是否有专人负责防护器具的保管、检查	5	1. 防护器具没有定点存放位置的，扣 2 分； 2. 没有专人负责防护器具的保管、检查的，扣 2 分； 3. 无定期检验、维修记录或没有检验标识或标识不完整的，扣 2 分	

续上表

评价类目	评价项目		释义	评价方法	标准分值	评价标准	得分
九、作业管理(265分)	8.个体防护	③企业应将损坏或者过期作废的个体防护用品及时回收和做妥善处置,保留回收记录	提供的防护用品必须符合国家标准或者行业标准。不得以货币或者其他物品替代劳动防护用品,也不得购买、使用超过使用期限或者质量低劣的产品,确保防护用品在紧急情况下能发挥其特有的效能	**查资料:** 损坏或者过期作废的个体防护用品及时回收和做妥善处置的记录。 **现场检查:** 从业人员是否正确佩戴个体防护用品和器具	5	1.有从业人员未正确佩戴个体防护器具的,每人次扣1分; 2.无损坏或者过期作废的个体防护用品及时回收和做妥善处置记录的,扣2分;记录不全的,每间项扣0.5分	
		④企业应建立职业卫生防护设施及个体防护用品管理台账,加强对个体防护用品使用情况的检查监督	生产经营单位应当建立健全有关劳动防护用品的管理制度。要加强劳动防护用品的购买、验收、保管、发放、更新、报废等环节的管理,监督并教育从业人员按照使用要求佩戴和使用	**查资料:** 1.有职业卫生防护设施及个体防护用品管理台账; 2.有对个体防护用品使用情况的检查记录	5	1.无职业卫生防护设施及个体防护用品管理台账,不得分; 2.无对个体防护用品使用情况的检查记录,扣3分	

续上表

评价类目	评价项目		释　义	评价方法	标准分值	评价标准	得分
九、作业管理（265分）	9.警示标志	①企业存在危险、有害因素的作业场所和设备设施，应按照GB 2894—2008、GB Z158—2003等标准规范的要求设置明显的安全警示标志，警示、告知危险种类、后果及应急措施	客运站应按照《安全标志及其使用导则》（GB 2894—2008）要求，在存在危险因素的作业场所和设施设备，设置明显的安全警示标志，如禁止靠近、禁止进入、禁止触摸等禁止标志，当心触电、注意安全、当心碰头等警告标志，进行危险提示、警示。必要情况下还要制作安全告知牌，告知危险种类、后果及应急措施。作业场所无关人员不得进入	**现场检查：** 相关场所和设备设施是否按要求设置安全警示标志，是否有无关人员进入作业区	5	1. 未明确作业场所和设施设备危险因素的，扣5分； 2. 未设置安全警示标志的，每处扣1分； 3. 有无关人员进入作业区，每人次扣2分	
		②企业设备设施检修、施工等作业现场应设置警戒区域和警示标志	客运站设备设施检修及改造、扩建、维修施工等作业过程中，存在一定危险因素。因客运站往来人员众多，更需要采取措施确保安全。在作业现场，客运站一是要按要求设置警戒区域，二是要设置警示标志，对过往行人进行危险提示、警示，防止无关人员进入	**现场检查：** 相关作业现场是否按要求设置安全警戒区域和警示标志	5	设备设施检修、施工等作业现场未设置警戒区和警示标志的，每处扣1分	

续上表

评价类目	评价项目		释 义	评价方法	标准分值	评价标准	得分
九、作业管理（265分）	10.消防安全管理	①企业主要负责人是本单位的消防安全责任人，对本单位的消防安全工作全面负责	《中华人民共和国消防法》规定：单位的主要负责人是本单位的消防安全责任人。 消防安全责任人是对单位的消防安全工作全面负责的人。一般法人单位的法定代表人或非法人单位的主要负责人是单位的消防安全责任人	**查资料：** 有主要负责人消防安全责任制文件	5	无明确企业主要负责人为消防安全责任人的文件，不得分	
		②企业应落实消防安全责任制，制定本单位的消防安全制度、消防安全操作规程，制定灭火和应急疏散预案	《中华人民共和国消防法》规定：机关、团体、企业、事业等单位应当履行下列消防安全职责：落实消防安全责任制，制定本单位的消防安全制度、消防安全操作规程，制定灭火和应急疏散预案	**查资料：** 1. 有符合本单位实际的消防安全责任制度； 2. 有相应的消防安全操作规程； 3. 有灭火和应急疏散预案	5	1. 缺1项制度扣2分； 2. 无消防安全制度不得分； 3. 无灭火和应急疏散预案的，不得分	

续上表

评价类目	评价项目		释义	评价方法	标准分值	评价标准	得分
九、作业管理(265分)	10.消防安全管理	③企业应制定年度消防工作计划,制定消防安全工作的资金投入和组织保障方案	企业应制定年度消防工作计划,并在工作计划中明确消防安全工作的资金投入和组织保障方案	**查资料:** 有符合本单位实际的年度消防工作计划	5	无年度消防工作计划的不得分	
		④企业应将容易发生火灾、一旦发生火灾可能严重危及人身和财产安全以及对消防安全有重大影响的部位确定为消防安全重点部位,设置明显的防火标志,实行严格管理	容易发生火灾的部位主要是指火灾危险性较大,或发生火灾危害性大,以及发生火灾后影响人员安全疏散等部位。单位要结合实际将容易发生火灾的部位确定为消防安全管理的重点部位。如生产企业的油罐区、储存易燃易爆物品仓库、生产工艺流程中易出现险情的部位;公众聚集场所中人员聚集的厅、室、疏散通道、舞台等部位;单位内部的贵重物品室、档案资料室、精密仪器室、加油站等以及与火灾扑救密切相关的配电房、消防控制室、消防水泵房、消防电梯机房等部位。具备上述特征的部位都与单位的消防安全密切相关,必须采取严格的措施加强管理,确保消防安全	**查资料:** 1.有消防安全重点部位标识、记录文件; 2.消防安全重点部位有明显防火标志	5	1.无消防安全重点部位标识、记录文件,不得分; 2.无防火标识或标识不明显扣3分	

续上表

评价类目	评价项目		释义	评价方法	标准分值	评价标准	得分
九、作业管理(265分)	11.火灾预防	①企业应按GB 50140—2005、GB 50067—2014等标准规范的要求配备相应等级和危险类别的消防控制和火灾报警系统、消防给水系统、灭火系统等消防设备设施、器材，并设置消防安全标志。企业应按照有关规定对客运站建筑进行相应级别的防火设计	汽车客运站是旅客、加满油大客车密集的公共建筑，是火灾危险性较大的场所。旅客中又有老、弱、病、残、孕的人，而且携带行李，增加了疏散难度。公众集聚场所的防火分区是非常重要的，完好有效的防火分区设施将保证火灾发生时，火灾蔓延将得到有效的控制，防火分区分横向分隔和纵向分隔，都有着不可取代的重要作用。汽车客运站分四级，1、2、3级的客运站防耐火等级不低于二级，4级客运站不低于三级	**查资料：** 1.有消防验收文件； 2.防火设计是否符合客运站建筑级别要求； 3.安全消防设备及器材是否能满足实际使用需求及保证有效	5 ★★★	1.防火设计不符合客运站建筑级别要求，不得分； 2.安全消防设备及器材不足或无效的，不得分	
		②企业应制定并落实火灾隐患整改责任制	汽车客运站应按规定制定火灾隐患整改责任制，应明确整改责任人、整改措施等相关要求	**查资料：** 火灾隐患整改责任制	5	无火灾隐患整改责任制的，不得分	

续上表

评价类目	评价项目		释义	评价方法	标准分值	评价标准	得分
九、作业管理（265分）	11.火灾预防	③企业应制定并执行防火安全检查、巡查制度，按要求开展防火检查和防火巡查	汽车客运站应制定防火安全检查、巡查制度，防火安全检查、巡查制度应符合客运站实际情况，涵盖内容全面并保证严格落实执行，并做好记录	**查资料：** 1. 防火安全检查、巡查制度； 2. 防火安全检查、巡查记录	5	1. 无防火安全检查、巡查制度，每缺1项扣2分； 2. 无防火安全检查、巡查记录的，每缺1项扣2分	
		④企业防火检查、防火巡查中发现的火灾隐患应按要求落实至责任部门、责任人进行整改	汽车客运站防火检查、巡查中发现的火灾隐患，要按照火灾隐患整改责任制要求，落实至责任部门、责任人及时进行整改	**查资料：** 防火检查、巡查中发现的火灾隐患整改记录	5	防火巡查中发现的火灾隐患无整改记录的，不得分	

续上表

评价类目	评价项目		释义	评价方法	标准分值	评价标准	得分
九、作业管理(265分)	11.火灾预防	⑤企业应制定消防设施及器材管理制度,消防器材及设施应有专人负责,定期组织检验、维修并保存记录	消防器材及设施应有专人负责管理,包括对器材设施的日常维护,定期检验维修等,并应做好相应记录,保证所有消防器材可靠、有效,随时可用	**查资料:** 1. 有消防设施及器材管理制度; 2. 有消防设施及器材明确责任人的文件; 3. 有消防设施及器材检验维修记录	5	1. 无管理制度,扣5分;无明确负责人文件,扣5分; 2. 无消防设施及器材检修记录,每缺1项扣1分; 3. 消防器材及设施无效,每个扣1分	
		⑥企业建筑物、安全出口、疏散通道及消防车通道应畅通,消防通道应有明显的指示标志	客运站应该按照《建筑设计防火规范》(GB 50016—2014),合理设计、管理本单位安全出口、疏散通道及消防车通道。安全出口、疏散通道及消防车通道不得被侵占或挪作他用,并应有明显的指示标志	**现场检查:** 1. 所有消防通道是否畅通; 2. 消防通道是否有明显的指示标志	10	1. 消防通道不畅通的,1处扣2分; 2. 消防通道无明显的指示标识的,1处扣2分	

续上表

评价类目	评价项目		释义	评价方法	标准分值	评价标准	得分
九、作业管理(265分)	12.消防宣传教育	①企业应通过多种形式开展经常性的消防安全宣传教育。宣传教育和培训内容应包括： a. 有关消防法规、消防安全制度和保障消防安全的操作规程； b. 本单位、本岗位的火灾危险性和防火措施； c. 有关消防设施的性能、灭火器材的使用方法； d. 报火警、扑救初起火灾以及自救逃生的知识和技能	企业应定期开展消防安全宣传教育活动，包括但不限于观看纪录片、组织专业消防知识学习、举行消防知识竞赛等。通过多种手段使企业员工掌握必要的消防安全知识	**查资料：** 有消防安全宣传教育图片、视频等记录文件	5	无相关记录文件，不得分	

续上表

评价类目	评价项目		释义	评价方法	标准分值	评价标准	得分
九、作业管理（265分）	12.消防宣传教育	②企业应组织新上岗和进入新岗位的员工进行上岗前的消防安全培训	汽车客运站对新入职人员的三级教育及对转岗人员的教育，应包括消防安全培训的内容	**查资料：** 查员工三级教育记录是否有消防安全培训的内容	5	三级教育记录无消防安全培训内容的，不得分	
		③企业消防安全责任人、消防安全管理人、专兼职消防管理人员、消防控制室的值班、操作人员应接受消防安全专门培训，其中消防控制室值班、操作人员应持证上岗	企业消防安全责任人、消防安全管理人员及专、兼职消防管理人员应具备相应的消防专业知识，接受消防安全知识的专门培训	**查资料：** 查消防管理人员证件	5	消防管理人员无证件或相关证明材料，每人次扣1分	

续上表

评价类目	评价项目		释　　义	评价方法	标准分值	评价标准	得分
十、风险管理(60分)	1.一般要求	企业应依法依规建立健全安全生产风险管理制度,开展本单位管理范围内的风险辨识、评估、管控等工作,落实重大风险登记、重大危险源报备责任,防范和减少安全生产事故	依据《公路水路行业安全生产风险管理暂行办法》(交安监发〔2017〕60号)第三条明确要求:从事公路水路行业生产经营活动的企事业单位(以下简称生产经营单位)是安全生产风险管理的实施主体,应依法依规建立健全安全生产风险管理工作制度,开展本单位管理范围内的风险辨识、评估等工作,落实重大风险登记、重大危险源报备和控制责任,防范和减少安全生产事故	**查资料:** 1. 企业安全生产风险管理工作制度(应含重大风险管理内容)和重大危险源管理制度(含辨识、报备和管控等内容); 2. 企业安全生产风险辨识、评估方法(或规则); 3. 本单位管理范围内的风险辨识、评估等工作的记录; 4. 重大风险登记、报备,重大危险源辨识、建档、报备和控制等工作记录	5 AR	1. 未制定发布企业安全生产风险管理工作制度,内容不符合要求的,不得分; 2. 无风险辨识、评估等工作的记录,扣2分;不全面或缺失,扣1分; 3. 重大风险未登记或报备,扣1分; 4. 未开展重大危险源辨识、建档、报备和控制等工作,缺1项扣1分	

续上表

评价类目	评价项目		释义	评价方法	标准分值	评价标准	得分
十、风险管理(60分)	2.风险辨识	①企业应制定风险辨识规则,明确风险辨识的范围、方式和程序	依据《公路水路行业安全生产风险管理暂行办法》(交安监发〔2017〕60号)第十一条明确要求:生产经营单位应针对本单位生产经营活动范围及其生产经营环节,按照相关法规标准要求,编制风险辨识规则,明确风险辨识范围、方式和程序。 风险识别是指在风险事故发生之前,人们运用各种方法系统的、连续的认识所面临的各种风险以及分析风险事故发生的潜在原因。风险辨识过程包含感知风险和分析风险两个环节。为更好地开展风险辨识工作,企业应制定风险辨识规则,明确辨识的范围、方式和程序等内容,指导原工作开展风险辨识工作。风险辨识的范围应包含了企业所人员、作业、过程和场所,辨识方式适合企业各岗位需求,辨识程序全面、合规	**查资料:** 风险辨识规则文件	5	1.未编制风险辨识规则,不得分; 2.风险辨识规则中风险辨识范围、方式和程序等内容不符合、不完善的,每缺扣1分	

续上表

评价类目	评价项目		释　义	评价方法	标准分值	评价标准	得分
十、风险管理(60分)	2.风险辨识	②风险辨识应系统、全面,并进行动态更新	企业风险是一个复杂的系统,其中包括不同类型、不同性质、不同损失程度的各种风险,故对风险进行识别,应该全面系统地考察、了解各种风险事件存在和可能发生的概率以及损失的严重程度,风险因素及因风险的出现而导致的其他问题。因此,必须系统、全面了解各种风险的存在和发生及其将引起的损失后果的详细情况,以便及时而清楚地为决策者提供比较完备的决策信息。同时,风险随生产工艺、装备和过程变化、环境变换、人的因素和管理的变化,风险致险因素、危害程度等也发相变化,相应的控制方法和措施也应随之改变,因此应进行动态更新	**查资料:** 风险辨识清单。 **现场检查:** 重点作业场所、关键岗位、设备存在的风险	5	1. 风险清单辨识不全面,每缺1项扣1分; 2. 风险清单未及时更新,扣2分	

续上表

评价类目	评价项目		释　　义	评价方法	标准分值	评价标准	得分
十、风险管理（60分）	2.风险辨识	③风险辨识应涉及所有的工作人员（包括外部人员）、工作过程和工作场所。安全生产风险辨识结束后应形成风险清单	风险辨识是运用各种方法对尚未发生的潜在风险以及客观存在的各种风险进行系统归类和全面识别。风险辨识不是一次能够完成的，它应该在整个安全生产过程中定期而有计划地进行，具有广泛性、全生命周期和信息依赖性，因为安全生产参与成员的工作性质不同，所面临的风险也会有所不同，他们都有自己独特的生产经历和风险管理经验，可以为识别生产的风险提供更多的途径。同时，由于生产有由不同分工协助组合完成，风险识别将涉及财务、工艺、设备、技术、管理等多个的不同知识领域；另外，风险存在于产品生产生命期的各个阶段中，不同阶段会出现影响程度不同的风险，随着生产过程、条件（含场所）、环境、范围等的不断变化，新的风险又会产生，从而又需要开展新一轮的风险识别。总之，风险识别必然贯穿于生产生的全过程和所有场所。风险辨识成果之一，就是形成风险清单	**查资料：** 查风险辨识清单	3	风险清单未涉及所有的工作人员（包括外部人员）、工作过程和工作场所，每缺1项扣1分	

续上表

评价类目	评价项目		释　义	评价方法	标准分值	评价标准	得分
十、风险管理（60分）	3. 风险评估	①企业应从发生危险的可能性和严重程度等方面对风险因素进行分析，选定合适的风险评估方法，明确风险评估规则	风险评估是指风险辨识、风险分析和风险评价的全过程。通过选择合适的评估方法对存在的安全生产风险和有害因素进行评估，确定风险程度和等级，并根据评估结果采取针对性的控制措施，确保风险控制在可接受的范围之内。 企业应编制风险评价规则，规则应根据不同岗位、过程和场所辨识风险，从发生危险的可能性和严重程度等方面对风险因素进行分析，推荐选择采用合适的风险评估方法	**查资料：** 风险评估规则	2	1. 企业无风险评价规则，不得分； 2. 规则未包含风险评价方法选择、评价人员资历、评价程序、评价记录、评价报告编制和归档等要求，缺一项扣1分	
		②企业应依据风险评估规则，对风险清单进行逐项评估，确定风险等级	企业应依据风险评估规则，对风险清，选择合适评价方法进行逐项评估，确定风险等级	**查资料：** 1. 风险分析记录、风险评价报告； 2. 风险清单； 3. 重大风险清单	5	1. 无风险分析记录、风险评价报告，不得分；每缺1项，扣0.5分； 2. 风险清单无风险等级，不得分；未全部评出风险等级，扣1分； 3. 风险等级判定不准确，每条扣1分； 4. 企业未列出重大风险清单，不得分	

续上表

评价类目	评价项目		释　　义	评价方法	标准分值	评价标准	得分
十、风险管理（60分）	4. 风险控制	①企业应根据风险评估结果及经营运行情况等，按以下顺序确定控制措施： a. 消除； b. 替代； c. 工程控制措施； d. 设置标志警告和（或）管理控制措施； e. 个体防护装备等	企业应根据风险评价的结果及经营运行情况等，确定不可接受的风险，制定并落实控制措施，将风险尤其是重大风险控制在可以接受的程度；风险控制措施符合相关标准要求。企业在选择风险控制措施时： （1）应考虑：可行性；安全性；可靠性； （2）应包括：工程技术措施；管理措施；培训教育措施；个体防护措施。 应按照以下顺序确定控制措施： a. 消除； b. 替代； c. 工程控制措施； d. 设置标志警告和（或）管理控制措施； e. 个体防护装备等	**查资料：** 1. 风险控制措施相关文件记录； 2. 风险控制措施是否符合规定的控制顺序要求。 **现场检查结合询问：** 重点场所、关键岗位和设备设施的风险控制措施	5	1. 文件未明确企业应根据风险评估结果及经营运行情况等，按上述顺序确定控制措施，不得分； 2. 风险控制措施不符合相关标准要求，扣1分； 3. 重点场所、岗位、设备设施的风险控制措施不明确、不合理、不符合要求，每处扣1分	

续上表

评价类目	评价项目		释　义	评价方法	标准分值	评价标准	得分
十、风险管理（60分）	4.风险控制	②企业应将安全风险评估结果及所采取的控制措施告知相关从业人员，使其熟悉工作岗位和作业环境中存在的安全风险，掌握、落实应采取的控制措施	《中华人民共和国安全生产法》第四十一条规定：生产经营单位应当教育和督促从业人员严格执行本单位的安全生产规章制度和安全操作规程；并向从业人员如实告知作业场所和工作岗位存在的危险因素、防范措施以及事故应急措施。故企业应将安全风险评估结果及所采取的控制措施告知相关从业人员，使其熟悉工作岗位和作业环境中存在的安全风险，掌握、落实应采取的控制措施	**查资料：** 企业将安全风险评估结果及所采取的控制措施告知相关从业人员的告知文件、记录等活动档案，或告知交底档案文件资料，或岗前教育等相关活动记录。 **询问：** 询问3名业人员是否熟悉本岗位安全风险评估结果及所采取的控制措施	5	1.企业无安全风险评估结果及所采取的控制措施告知相关从业人员的告知的文件、记录等活动档案，或告知交底档案文件资料，或岗前教育等相关活动记录，扣2分； 2.有关人员不熟悉工作岗位和作业环境中存在的安全风险，每人扣1分； 3.不掌握或未落实应采取的控制措施，每处扣1分	

续上表

评价类目	评价项目		释　义	评价方法	标准分值	评价标准	得分
十、风险管理（60分）	4. 风险控制	③企业应建立风险动态监控机制，按要求对风险进行控制和监测，及时掌握风险的状态和变化趋势，以确保风险得到有效控制	《公路水路行业安全生产风险管理暂行办法》（交安监发〔2017〕60号）第十八条规定：生产经营单位应建立风险动态监控机制，按要求进行监测、评估、预警，及时掌握风险的状态和变化趋势。 风险动态监控对风险的发展与变化情况进行全程监督，并根据需要进行应对策略的调整。因为风险是随着内部外部环境的变化而变化的，它们在决策主体经营活动的推进过程中可能会增大或者衰退乃至消失，也可能由于环境的变化又生成新的风险。风险动态监控就是通过对风险规划、识别、估计、评价、应对全过程的监视和控制，从而保证风险管理能达到预期的目标，它是项目实施过程中的一项重要工作	**查资料：** 1. 风险动态监控管理制度； 2. 风险动态监控记录	3	1. 企业未制定风险动态监控制度，不得分； 2. 制度未明确监控项目、参数、责任人员、频次和方法等要求；每缺1项，扣1分； 3. 无风险动态监控记录，不得分；缺少1项监控记录扣1分； 4. 企业风险控制未有效控制的，每项扣1分	

续上表

评价类目	评价项目		释义	评价方法	标准分值	评价标准	得分
十、风险管理（60分）	5. 重大风险管控	①企业对重大风险进行登记建档，设置重大风险监控系统，制定动态监测计划，并单独编制专项应急措施	《公路水路行业安全生产风险管理暂行办法》（交安监发〔2017〕60号）第二十四条规定：生产经营单位应如实记录风险辨识、评估、监测、管控等工作，并规范管理档案。重大风险应单独建立清单和专项档案。 第二十六条规定：（一）对重大风险制定动态监测计划，定期更新监测数据或状态，每月不少于1次，并单独建档；（二）重大风险应单独编制专项应急措施； 企业对确定认的重大风险都应按照规定登记建档。重大风险档案主要内容包括基本信息、管控信息、预警信息和事故信息等	**查资料：** 1. 企业重大风险登记档案； 2. 重大风险监控系统及动态监测计划； 3. 重大风险的专项应急措施	5 ★★	1. 企业未建立重大风险登记档案，不得分；重大风险档案内容不全，扣1分； 2. 重大风险监控系统填报不及时或不正确，扣1分； 3. 未制定动态监测计划，不得分；计划不全面，扣1分； 4. 无针对重大风险的专项应急措施。扣2分； 5. 重大风险的专项应急措施不正确或不全面，每项扣1分	

续上表

评价类目	评价项目		释义	评价方法	标准分值	评价标准	得分
十、风险管理(60分)	5.重大风险管控	②企业应当在重大风险所在场所设置明显的安全警示标志,对进入重大风险影响区域的人员组织开展安全防范、应急逃生避险和应急处置等相关培训和演练	《公路水路行业安全生产风险管理暂行办法》(交安监发〔2017〕60号)第二十八条规定:生产经营单位应当在重大风险所在场所设置明显的安全警示标志,标明重大风险危险特性、可能发生的事件后果、安全防范和应急措施。 第二十七条规定:生产经营单位应对进入重大风险影响区域的本单位从业人员组织开展安全防范、应急逃生避险和应急处置等相关培训和演练	**现场检查:** 重大风险所在场所。 **查资料:** 培训和演练的计划和记录	5	1. 现场未设置明显的安全警示标志,每处扣2分; 2. 未标明重大风险危险特性、可能发生的事件后果、安全防范和应急措施,缺1项扣1分; 3. 无培训计划或演练计划,扣1分; 4. 无培训记录或培训记录不全,扣2分; 5. 无演练记录或记录不全,扣1分;无演练总结,扣1分	

续上表

评价类目	评价项目		释义	评价方法	标准分值	评价标准	得分
十、风险管理(60分)	5.重大风险管控	③企业应当将本单位重大风险有关信息通过公路水路行业安全生产风险管理信息系统进行登记,构成重大危险源的应向属地负有安全生产监督管理职责的交通运输管理部门备案	《公路水路行业安全生产风险管理暂行办法》(交安监发〔2017〕60号)第三十条规定:生产经营单位应当将本单位重大风险有关信息通过公路水路行业安全生产风险管理信息系统进行登记,构成重大危险源的应向属地综合安全生产监督管理部门备案。登记(含重大危险源报备,下同)信息应当及时、准确、真实	**查系统:** 1.本单位重大风险通过公路水路行业安全生产风险管理信息系统进行登记的记录; 2.重大危险源通过系统向属地综合安全生产监督管理部门备案的记录。 **查资料:** 重大危险源备案资料	2 ★★★	1.应将本单位重大风险有关信息通过公路水路行业安全生产风险管理信息系统进行登记; 2.重大危险源的应通过系统向属地综合安全生产监督管理部门备案,或报送备案资料; 3.登记(含重大危险源报备,下同)信息应及时、准确、真实	
		④重大风险经评估确定等级降低或解除的,企业应于规定的时间内通过公路水路行业安全生产风险管理系统予以销号	《公路水路行业安全生产风险管理暂行办法》(交安监发〔2017〕60号)第三十六条规定:重大风险经评估确定等级降低或解除的,生产经营单位应于5个工作日内通过公路水路行业安全生产风险管理系统予以销号	**查资料、系统:** 1.重大风险评估报告; 2.通过公路水路行业安全生产风险管理信息系统进行登记的记录	2	1.重大风险确定等级降低或解除的,生产经营单位未通过公路水路行业安全生产风险管理系统予以销号,不得分; 2.未在5个工作日内通过公路水路行业安全生产风险管理系统予以销号,扣1分	

续上表

评价类目	评价项目		释义	评价方法	标准分值	评价标准	得分
十、风险管理（60分）	6. 预测预警	①企业应根据生产经营状况、安全风险管理及隐患排查治理、事故等情况，运用定量或定性的安全生产预测预警技术，建立企业安全生产状况及发展趋势的安全生产预测预警机制	预测预警是通过安全风险管理及隐患排查治理，查找导致危险前兆的根源，控制危险事态的进一步发展或将危险事件扼杀于萌芽状态，以减少危机的发生或降低危机危害程度的过程。预测预警的目的是当风险因素达到预警条件的，企业应及时发出预警信息，并立即采取针对性措施，防范安全生产事故发生；减少危机的发生或降低危机的破坏程度，实现企业的持续经营	**查资料：** 1. 包含预测预警内容的制度文件； 2. 定量或定性的安全生产预测预警技术的文件	5	1. 相关制度文件未包含预测预警要求内容，不得分； 2. 制度未规定了运用定量或定性的安全生产预测预警技术，扣2分；定量或定性的安全生产预测预警技术不合适的，扣1分； 3. 未开展预测预警活动，扣3分； 4. 采用的预测预警技术不适合企业重大危险源或重大风险预测预警实际情况，扣1分； 5. 安全生产预测预警机制未定期评审，扣1分；未根据评审结果予以改进，扣1分	

续上表

评价类目	评价项目		释义	评价方法	标准分值	评价标准	得分
十、风险管理(60分)	6.预测预警	②当风险因素达到预警条件的,企业应及时发出预警信息,并立即采取针对性措施,防范安全生产事故发生	当风险因素达到预警条件时,企业应及时发出预警信息,并根据重大风险应急预案立即启动一级预案,按照应急预案要求采取针对性控制措施,防范安全生产事故发生	**查资料:** 1. 发出预警信息的风险因素达到预警条件的规定文件; 2. 启动应急预案的相关记录; 3. 针对性措施的相关记录和台账	3	1. 未制定发出预警信息的风险因素达到预警的条件,每项扣1分; 2. 达到预警条件,未发出预警,扣1分; 3. 无启动应急预案的相关记录,扣1分; 4. 无采用相关针对性措施的相关记录和台账,扣1分	

续上表

评价类目	评价项目		释义	评价方法	标准分值	评价标准	得分
十一、隐患排查和治理(50分)	1.隐患排查	①企业应落实隐患排查治理和防控责任制,组织事故隐患排查治理工作,实行从隐患排查、记录、监控、治理、销账到报告的闭环管理	《安全生产法》第三十八条规定:生产经营单位应当建立健全生产安全事故隐患排查治理制度,采取技术、管理措施,及时发现并消除事故隐患。 《公路水路行业安全生产隐患治理管理暂行办法》(交安监发〔2017〕60号)第九条规定:生产经营单位应当建立健全隐患排查、告知(预警)、整改、评估验收、报备、奖惩考核、建档等制度,逐级明确隐患治理责任,落实到具体岗位和人员。 企业应依据有关法律法规、标准规范等,制定隐患排查治理和防控制度,实行从隐患排查、记录、监控、治理、销账到报告的闭环管理	**查资料:** 1. 隐患排查治理和防控制度; 2. 隐患排查相关记录和报告	5 ★★★	1. 企业应制定隐患排查治理和防控制度; 2. 企业应明确隐患排查治理的责任部门和人员; 3. 制度应明确安全隐患排查、记录、监控、治理、销账和报告等闭环要求	

续上表

评价类目	评价项目		释　义	评价方法	标准分值	评价标准	得分
十一、隐患排查和治理(50分)	1.隐患排查	②企业应依据有关法律法规、标准规范等,组织制定各部门、岗位、场所、设备设施的隐患排查治理标准或排查清单,明确隐患排查的时限、范围、内容和要求,并组织开展相应的培训。隐患排查的范围应包括所有与生产经营相关的场所、人员、设备设施和活动,包括承包商和供应商等相关服务范围	依据《安全生产事故隐患排查治理暂行规定》(国家安全生产监督管理总局令第16号)、《公路水路行业安全生产隐患治理管理暂行办法》(交安监发〔2017〕60号)要求,组织制定各部门、岗位、场所、设备设施的隐患排查治理标准或排查清单,明确隐患排查的时限、范围、内容和要求,并组织开展相应的培训。隐患排查的范围应包括所有与生产经营相关的场所、人员、设备设施和活动,包括承包商和供应商等相关服务范围	**查资料:** 1.隐患排查治理标准或排查清单; 2.隐患排查方案和记录; 3.培训的计划和记录	5 AR	1.未组织制定各部门、岗位、场所、设备设施的隐患排查治理标准或排查清单,扣2分,缺1项,扣0.5分; 2.未制定隐患排查方案,扣1分,隐患排查的时限、范围、内容和要求缺1项,扣0.5分; 3.隐患排查的范围未包括所有与生产经营相关的场所、环境、人员、设备设施和活动,每缺1项扣1分; 4.无开展相应的培训的计划和记录,扣1分	

续上表

评价类目	评价项目		释　义	评价方法	标准分值	评价标准	得分
十一、隐患排查和治理(50分)	1.隐患排查	③生产经营单位应当建立事故隐患日常排查、定期排查和专项排查工作机制。日常排查每周应不少于1次,定期排查每半年应不少于1次,并根据政府及有关管理部门安全工作的专项部署、季节性变化或安全生产条件变化情况进行专项排查	《公路水路行业安全生产隐患治理管理暂行办法》(交安监发〔2017〕60号)第十一条规定:生产经营单位应当建立隐患日常排查、定期排查和专项排查工作机制,明确隐患排查的责任部门和人员、排查范围、程序、频次、统计分析、效果评价和评估改进等要求,及时发现并消除隐患。 第十二条规定:日常排查每周应不少于1次。 第十三条规定:隐患专项排查是生产经营单位在一定范围、领域组织开展的针对特定隐患的排查,一般包括: (一)根据政府及有关管理部门安全工作专项部署,开展针对性的隐患排查; (二)根据季节性、规律性安全生产条件变化,开展针对性的隐患排查;	**查资料:** 隐患排查记录	5	1.未开展事故隐患日常排查、定期排查和专项排查工作,不得分;缺1项,扣2分; 2.日常排查每周少于1次,扣1分; 3.定期排查每半年少于1次,扣1分; 4.未根据政府及有关管理部门安全工作的专项部署、季节性变化或安全生产条件变化情况进行专项排查的记录,扣2分	

续上表

评价类目	评价项目		释义	评价方法	标准分值	评价标准	得分
十一、隐患排查和治理(50分)	1.隐患排查		（三）根据新工艺、新材料、新技术、新设备投入使用对安全生产条件形成的变化，开展针对性的隐患排查； （四）根据安全生产事故情况，开展针对性的隐患排查。 第十四条规定：定期排查每半年应不少于1次				
		④企业应填写事故隐患排查记录，依据确定的隐患等级划分标准对发现或排查出的事故隐患进行判定，确定事故隐患等级并进行登记，形成事故隐患清单。企业应将重大事故隐患向属地负有安全生产监督管理职责的交通运输管理部门备案	企业应根据《公路水路行业安全生产隐患治理管理暂行办法》（交安监发〔2017〕60号）中重大隐患的判定原则，制定企业重大隐患判定标准，依据确定的隐患等级划分标准对发现或排查出的事故隐患进行判定，确定事故隐患等级并进行登记，形成事故隐患清单。 企业应通过系统将重大事故隐患向属地负有安全生产监督管理职责的交通运输管理部门备案	**查资料：** 1. 企业重大隐患判定标准文件； 2. 隐患排查记录； 3. 事故隐患清单； 4. 企业通过系统将重大事故隐患向属地负有安全生产监督管理职责的交通运输管理部门备案记录	5 ★★	1. 企业未制定本企业重大隐患判定标准，扣2分； 2. 未依据确定的隐患等级划分标准对发现或排查出的事故隐患进行判定，扣1分； 3. 未确定事故隐患等级并进行登记，形成事故隐患清单，扣2分； 4. 无重大事故隐患向属地负有安全生产监督管理职责的交通运输管理部门备案记录。扣2分	

续上表

评价类目	评价项目		释义	评价方法	标准分值	评价标准	得分
十一、隐患排查和治理(50分)	2. 隐患治理	①对于一般事故隐患,企业应按照职责分工立即组织整改,确保及时进行治理	《中华人民共和国安全生产法》第十八条中规定:督促、检查本单位的安全生产工作,及时消除生产安全事故隐患。 《公路水路行业安全生产隐患治理管理暂行办法》(交安监发〔2017〕60号)第十九条规定:生产经营单位应对排查出的隐患立即组织整改,隐患整改情况应当依法如实记录,并向从业人员通报。故对于一般事故隐患,企业应按照职责分工立即组织整改,做到定治理措施、定负责人、定资金来源、定治理期限、定预案,确保及时进行治理	**查资料:** 隐患排查治理记录	5	1. 企业未保留相关文件资料及活动记录,扣2分; 2. 未及时组织隐患治理或整改不到位,扣1分; 3. 未做到定治理措施、定负责人、定资金来源、定治理期限、定预案,缺1项扣0.5分; 4. 未落实一般安全隐患防范和整改措施,扣1分	

续上表

评价类目	评价项目		释义	评价方法	标准分值	评价标准	得分
十一、隐患排查和治理(50分)	2.隐患治理	②对于重大事故隐患,企业主要负责人组织制定专项隐患治理整改方案,并确保整改措施、责任、资金、时限和预案"五到位"。整改方案应包括: a. 整改的目标和任务; b. 整改方案和整改期的安全保障措施; c. 经费和物资保障措施; d. 整改责任部门和人员; e. 整改时限及节点要求; f. 应急处置措施; g. 跟踪督办及验收部门和人员	《公路水路行业安全生产隐患治理管理暂行办法》(交安监发〔2017〕60号)第二十二条规定:重大隐患整改应制定专项方案,包括以下内容: (一)整改的目标和任务; (二)整改技术方案和整改期的安全保障措施; (三)经费和物资保障措施; (四)整改责任部门和人员; (五)整改时限及节点要求; (六)应急处置措施; (七)跟踪督办及验收部门和人员。 《安全生产事故隐患排查治理暂行规定》(国家安全生产监督管理总局令第16号)规定:企业应当按照国家有关规定将本单位重大危险源及有关安全措施、应急措施,报负有安全生产监督管理的部门和有关部门备案,做到整改措施、责任、资金、时限和预案"五到位"	**查资料:** 1. 重大隐患清单; 2. 专项隐患治理整改方案和记录	5 AR	1. 未组织制定专项隐患治理整改方案,缺1项扣1分; 2. 整改专项方案不符合要求,每处扣1分; 3. 无"五到位"的记录和证据,扣1分	

续上表

评价类目	评价项目		释义	评价方法	标准分值	评价标准	得分
十一、隐患排查和治理(50分)	2.隐患治理	③企业在事故隐患整改过程中,应采取相应的监控防范措施,防止发生次生事故	《公路水路行业安全生产隐患治理管理暂行办法》(交安监发〔2017〕60号)第二十一条规定:生产经营单位在隐患整改过程中,应当采取相应的安全防范措施,防范发生安全生产事故	**查资料:** 1.企业在事故隐患整改过程中,采取相应的监控防范措施的记录和证据; 2.事故报告	5	1.企业在事故隐患整改过程中,无采取相应的监控防范措施的记录和证据,扣2分; 2.有发生次生事故的,扣3分	
		④事故隐患整改完成后,企业应按规定进行验证或组织验收,出具整改验收结论,并签字确认。重大事故隐患整改验收通过的,企业应将验收结论向属地负有安全生产监督管理职责的交通运输管理部门报备,并申请销号	《公路水路行业安全生产隐患治理管理暂行办法》(交安监发〔2017〕60号)第二十条规定:一般隐患整改完成后,应由生产经营单位组织验收,出具整改验收结论,并由验收主要负责人签字确认。第二十四条规定:重大隐患整改验收通过的,生产经营单位应将验收结论向属地负有安全生产监督管理职责的交通运输管理部门报备,并申请销号	**查资料:** 隐患整改验收记录。 **查系统:** 1.重大事故隐患报备资料; 2.销号申请记录和申报材料	5 ★★★	1.一般隐患整改完成后,生产经营单位应组织验收; 2.应有整改验收结论记录; 3.验收主要负责人应签字确认; 4.重大事故隐患整改验收通过的,企业应将验收结论向属地负有安全生产监督管理职责的交通运输管理部门报备资料; 5.应有销号申请记录; 6.报备申请材料应包括:重大隐患基本情况及整改方案;重大隐患整改过程;验收机构或验收组基本情况;验收报告及结论	

续上表

评价类目	评价项目		释　义	评价方法	标准分值	评价标准	得分
十一、隐患排查和治理(50分)	2.隐患治理	⑤企业应对重大事故隐患形成原因及整改工作进行分析评估,及时完善相关制度和措施,依据有关规定和制度对相关责任人进行处理,并开展有针对性的培训教育	《公路水路行业安全生产隐患治理管理暂行办法》(交安监发〔2017〕60号)第二十五条规定:重大隐患整改验收完成后,生产经营单位应对隐患形成原因及整改工作进行分析评估,及时完善相关制度和措施,依据有关规定和制度对相关责任人进行处理,并开展有针对性的培训教育	**查资料:** 1.重大隐患分析评估记录和文件资料; 2.对相关制度和措施修改完善记录; 3.相关责任人进行处理文件记录; 4.开展针对性的培训教育的记录	5	1.生产经营单位无对隐患形成原因及整改工作进行分析评估记录和文件资料,扣2分; 2.未根据分析评估结果,对相关制度和措施修改完善,扣1分; 3.无依据规定和制度对相关责任人进行处理文件记录,扣2分; 4.未开展针对性的培训教育的记录,扣1分	

续上表

评价类目	评价项目		释义	评价方法	标准分值	评价标准	得分
十一、隐患排查和治理(50分)	2.隐患治理	⑥企业应对事故隐患排查治理情况如实记录,建立相关台账,并定期组织对本单位事故隐患治理情况进行统计分析,及时梳理、发现安全生产问题和趋势,形成统计分析报告,改进安全生产工作	《公路水路行业安全生产隐患治理管理暂行办法》(交安监发〔2017〕60号)第十七条规定:生产经营单位应认真填写隐患排查记录,形成隐患排查工作台账,包括排查对象或范围、时间、人员、安全技术状况、处理意见等内容,经隐患排查直接责任人签字后妥善保存。 第二十六条规定:生产经营单位应当根据生产经营活动特点,定期组织对本单位隐患治理情况进行统计分析,及时梳理、发现安全生产苗头性问题和规律,形成统计分析报告,改进安全生产工作	**查资料:** 1.隐患排查工作台账; 2.隐患治理情况进行统计分析记录	5	1.生产经营单位填写隐患排查记录不准确、全面,扣1分; 2.隐患排查工作台账不完整、不规范;缺治理方案、控制措施、评估报告书、验收报告等过程记录,每项扣1分,未及时归档保存,扣1分; 3.未进行统计分析的,扣1分; 4.未根据分析报告,改进安全生产工作,扣2分。有改进,无记录的,扣1分	

续上表

评价类目	评价项目		释义	评价方法	标准分值	评价标准	得分
十二、职业健康(45分)	1.健康管理	①企业应落实职业病防治主体责任，按规定设置职业健康管理机构和配备专(兼)职管理人员；落实职业病危害告知、日常监测、定期报告和防护保障等制度措施	《中华人民共和国职业病防治法》规定：用人单位应当采取下列职业病防治管理措施： (一)设置或者指定职业卫生管理机构或者组织，配备专职或者兼职的职业卫生管理人员，负责本单位的职业病防治工作； (二)制定职业病防治计划和实施方案； (三)建立、健全职业卫生管理制度和操作规程； (四)建立、健全职业卫生档案和劳动者健康监护档案； (五)建立、健全工作场所职业病危害因素监测及评价制度； (六)建立、健全职业病危害事故应急救援预案。	**查资料：** 1. 企业设置或任命职业健康管理机构或人员文件； 2. 企业职业危害管理制度； 3. 企业建立的职业卫生档案； 4. 企业定期职业危害因素监测记录； 5. 劳动合同。 **现场检查：** 职业危害场所及岗位	5	1. 未设置职业健康管理机构或未指定专(兼)职人员的，不得分； 2. 人员不能胜任的，不得分； 3. 未建立职业危害管理制度的，不得分； 4. 未按照职业危害管理制度开展日常职业危害检测和管理活动的，每项扣1分； 5. 未向劳动者告知工作过程中可能产生的职业病危害及其后果的，每少1人扣0.5分	

续上表

评价类目	评价项目		释义	评价方法	标准分值	评价标准	得分
十二、职业健康(45分)	1.健康管理		《中华人民共和国职业病防治法》第三十三条规定：用人单位与劳动者订立劳动合同(含聘用合同，下同)时，应当将工作过程中可能产生的职业病危害及其后果、职业病防护措施和待遇等如实告知劳动者，并在劳动合同中写明，不得隐瞒或者欺骗。 劳动者在已订立劳动合同期间因工作岗位或者工作内容变更，从事与所订立劳动合同中未告知的存在职业病危害的作业时，用人单位应当依照前款规定，向劳动者履行如实告知的义务，并协商变更原劳动合同相关条款				

续上表

评价类目	评价项目		释义	评价方法	标准分值	评价标准	得分
十二、职业健康(45分)	1.健康管理	②提供符合职业卫生要求的工作环境和条件;应按规定组织有关从业人员进行职业健康检查,并建立有关从业人员职业健康档案	《中华人民共和国职业病防治法》第四条规定:劳动者依法享有职业卫生保护的权利。用人单位应当为劳动者创造符合国家职业卫生标准和卫生要求的工作环境和条件,并采取措施保障劳动者获得职业卫生保护。工会组织依法对职业病防治工作进行监督,维护劳动者的合法权益。用人单位制定或者修改有关职业病防治的规章制度,应当听取工会组织的意见。 第三十五条规定:对从事接触职业病危害的作业的劳动者,用人单位应当按照国务院安全生产监督管理部门、卫生行政部门的规定组织上岗前、在岗期间和离岗时的职业健康检查,并将检查结果书面告知劳动者。职业健康检查费用由用人单位承担。 第三十六条规定:用人单位应当为劳动者建立职业健康监护档案,并按照规定的期限妥善保存	**查资料:** 1. 职业健康检查记录; 2. 存在职业危害的作业场所的从业人员健康监护档案。 **现场检查:** 存在职业危害的作业场所预防措施落实情况	5	1. 存在职业危害的作业场所防护设施和环境不符合法规及标准规范要求的,每个扣2分; 2. 未对职业危害岗位人员进行上岗前、在岗期间和离岗时的职业健康检查的,每缺少1人扣1分; 3. 未建立从业人员健康监护档案的,每缺1人扣1分	

续上表

评价类目	评价项目		释义	评价方法	标准分值	评价标准	得分
十二、职业健康(45分)	1.健康管理	③企业不应安排上岗前未经职业健康检查的从业人员从事接触职业病危害的作业；不应安排有职业禁忌的从业人员从事禁忌作业	《中华人民共和国职业病防治法》规定：用人单位不得安排未经上岗前职业健康检查的劳动者从事接触职业病危害的作业；不得安排有职业禁忌的劳动者从事其所禁忌的作业；对在职业健康检查中发现有与所从事的职业相关的健康损害的劳动者，应当调离原工作岗位，并妥善安置；对未进行离岗前职业健康检查的劳动者不得解除或者终止与其订立的劳动合同	**现场检查：** 1.是否有未经岗前职业健康检查人员上岗； 2.是否有职业禁忌的从业人员从事禁忌作业	5	1.有未经岗前职业健康检查人员上岗，每人次扣1分； 2.有职业禁忌的从业人员从事禁忌作业，每人次扣1分	

续上表

评价类目	评价项目		释　义	评价方法	标准分值	评价标准	得分
十二、职业健康(45分)	1.健康管理	④企业应按规定对存在或者可能产生职业病危害的工作场所、作业岗位、设备、设施设置警示标识和中文警示说明	《中华人民共和国职业病防治法》第二十四条规定：产生职业病危害的用人单位，应当在醒目位置设置公告栏，公布有关职业病防治的规章制度、操作规程、职业病危害事故应急救援措施和工作场所职业病危害因素检测结果。 对产生严重职业病危害的作业岗位，应当在其醒目位置，设置警示标识和中文警示说明。警示说明应当载明产生职业病危害的种类、后果、预防以及应急救治措施等内容	**现场检查：** 1. 职业危害场所现场告知及公示； 2. 对存在严重职业危害的作业岗位，按照《工作场所职业病危害警示标识》（GBZ158—2003）的要求，在醒目位置设置警示标志和警示说明	5 AR	1. 对存在严重职业危害的作业岗位未设置标志和说明的，不得分；缺少标志和说明的，每处扣0.5分；标志和说明内容（含职业危害的种类、后果、预防以及应急救治措施等）不全的，每处扣0.5分； 2. 产生职业病危害的用人单位，未在醒目位置设置公告栏，公布有关职业病防治的规章制度、操作规程、职业病危害事故应急救援措施和工作场所职业病危害因素检测结果的，每处扣0.5分	

续上表

评价类目	评价项目		释义	评价方法	标准分值	评价标准	得分
十二、职业健康(45分)	2.工伤保险	企业应参加工伤保险,为从业人员缴纳工伤保险费	工伤保险是社会保险制度中的重要组成部分。是指国家和社会为在生产、工作中遭受事故伤害和患职业性疾病的劳动及亲属提供医疗救治、生活保障、经济补偿、医疗和职业康复等物质帮助的一种社会保障制度。《中华人民共和国职业病防治法》第七条规定:用人单位必须依法参加工伤保险。《中华人民共和国劳动法》规定:劳动者在因公伤残或者患职业病,依法享受社会保险待遇	**查资料:** 企业为从业人员缴纳工伤保险的记录	5	存在未缴纳工伤保险的从业人员,每人次扣1分	

续上表

评价类目	评价项目		释　义	评价方法	标准分值	评价标准	得分
十二、职业健康(45分)	3.职业危害告知	①企业与从业人员订立劳动合同时，应将工作过程中可能产生的职业危害及其后果和防护措施等如实告知从业人员，并在劳动合同中写明	《中华人民共和国职业病防治法》规定：用人单位与劳动者订立劳动合同（含聘用合同，下同）时，应当将工作过程中可能产生的职业病危害及其后果、职业病防护措施和待遇等如实告知劳动者，并在劳动合同中写明，不得隐瞒或者欺骗。劳动者在已订立劳动合同期间因工作岗位或者工作内容变更，从事与所订立劳动合同中未告知的存在职业病危害的作业时，用人单位应当依照前款规定，向劳动者履行如实告知的义务，并协商变更原劳动合同相关条款。用人单位违反前两款规定的，劳动者有权拒绝从事存在职业病危害的作业，用人单位不得因此解除与劳动者所订立的劳动合同	**查资料：** 劳动合同中是否写明工作过程中可能产生的职业危害及其后果和防护措施	5	劳动合同中未写明工作过程中可能产生的职业危害及其后果和防护措施，每人次扣1分	

续上表

评价类目	评价项目		释　义	评价方法	标准分值	评价标准	得分
十二、职业健康(45分)	3.职业危害告知	②企业应向从业人员和相关方告知作业场所及工作岗位存在的职业危害因素、防范措施及应急措施	开展职业健康宣传培训是提高企业从业人员自我安全保护意识、安全防护意识,规范安全操作行为的重要手段,《中华人民共和国职业病防治法》要求,用人单位应当对劳动者进行上岗前的职业卫生培训和在岗期间的定期职业卫生培训,普及职业卫生知识,督促劳动者遵守职业病防治法律、法规、规章和操作规程,指导劳动者正确使用职业病防护设备和个人使用的职业病防护用品。企业应加强从业人员教育培训管理,使其了解其作业场所和工作岗位存在的危险因素和职业危害、防范措施和应急处理措施,降低或消除危害后果的事项	**查资料:** 职业健康宣传教训的记录、职业健康危害安全告知相关记录。 **现场询问:** 抽查、询问从业人员是否明确其工作岗位存在的职业危害因素、防范措施及应急措施	5	1.未进行书面告知的,不得分; 2.无职业健康宣传教育记录、档案不得分;培训无针对性或缺失内容的,每次扣1分; 3.抽查、询问从业人员,从业人员不明确其工作岗位存在的职业危害因素、防范措施及应急措施,每人次扣1分	

续上表

评价类目	评价项目		释义	评价方法	标准分值	评价标准	得分
十二、职业健康(45分)	4.环境与条件	企业应为从业人员提供符合职业健康要求的工作环境和条件,配备与职业健康保护相适应的设施、工具	从源头上控制和消除职业病危害,改善和提高从业人员工作环境对促进职业健康至关重要,《中华人民共和国职业病防治法》要求,产生职业病危害的用人单位的设立除应当符合法律、行政法规规定的设立条件外,其工作场所还应当符合职业卫生要求,采用有效的职业病防护设施,并为劳动者提供个人使用的职业病防护用品。企业要为从业人员提供符合防治职业病的要求的职业病防护用品、器具。对产生严重职业病危害的作业岗位,应当在其醒目位置,设置警示标识和中文警示说明。警示说明应当载明产生职业病危害的种类、后果、预防以及应急救治措施等内容	**查资料:** 职业健康防护用品检查记录。 **现场检查:** 1. 作业现场的报警设施、冲洗设施、防护急救器具专柜、应急撤离通道设置情况。 2. 对存在严重职业危害的作业岗位,按照《工作场所职业病危害警示标识》(GBZ 158—2003)的要求,在醒目位置设置警示标志和警示说明	5	1. 无职业健康防护用品检查记录的,不得分; 2. 现场未按规定设置有关设施,每项扣2分; 3. 应急撤离通道和泄险区,每处不符合扣2分; 4. 对存在严重职业危害的作业岗位未设置标志和说明的,不得分;缺少标志和说明的,每处扣1分;标志和说明内容(含职业危害的种类、后果、预防以及应急救治措施等)不全的,每处扣1分	

续上表

评价类目	评价项目		释义	评价方法	标准分值	评价标准	得分
十二、职业健康(45分)	5.职业危害申报	企业应按规定及时、如实向当地主管部门申报运营过程中存在的职业病危害因素,并接受其监督	《中华人民共和国职业病防治法》第十六条规定:国家建立职业病危害项目申报制度。 用人单位工作场所存在职业病目录所列职业病的危害因素的,应当及时、如实向所在地安全生产监督管理部门申报危害项目,接受监督	**查资料:** 1.企业在作业场所职业病危害申报与备案管理系统中申报记录; 2.企业向所在地安全生产监督管理部门申报备案记录	5	1.存在职业病危害因素的用人单位未进行作业场所职业病危害申报与备案的,不得分; 2.企业针对主管部门提出的整改措施未进行及时整改的,每项扣2分	
十三、安全文化(30分)	1.安全环境	①设立安全文化廊、安全角、黑板报、宣传栏等员工安全文化阵地	所称"安全文化",是指被企业组织的员工群体所共享的安全价值观、态度、道德和行为规范组成的统一体。加强安全教育基地建设,充分利用电视、互联网、报纸、广播等多种形式和手段普及安全常识,增强全社会科学发展、安全发展的思想意识是每一个企业责任和义务。企业按照《企业安全文化建设导则》(AQT 9004—2008)要求,从思想上、心态上去宣传、	**查资料:** 安全文化宣传资料。 **现场检查:** 查企业安全文化阵地	5	1.未设立安全文化廊、安全角、黑板报、宣传栏等员工安全文化阵地的,不得分; 2.安全文化阵地内容不符合法规要求的,每项扣0.5分	

续上表

评价类目	评价项目		释　　义	评价方法	标准分值	评价标准	得分
十三、安全文化(30分)	1.安全环境		教育、引导,不断向员工灌输“以人为本,安全第一”“安全就是效益、安全创造效益”“行为源于认识,预防胜于处罚,责任重于泰山”“安全不是为了别人,而是为了你自己”安全价值观,形成人人重视安全,人人为安全尽责的良好氛围。应从制度上明确企业安全文化宣传的频率,内容和方式,从而促使企业自觉主动开展安全文化创建活动				
		②公开安全生产举报电话号码、通信地址或者电子邮件信箱。对接到的安全生产举报和投诉及时予以调查和处理,并公开处理结果	加强对安全生产违法违规行为监督管理对于减少和杜绝安全生产“三违”行为有着十分重要意义。企业要充分发挥广大职工的参与作用,依法维护和落实企业职工对安全生产的参与权与监督权,鼓励职工监督举报各类安全隐患,对处理结果要及时公开,起到警示警醒的作用	**查资料:** 1. 安全生产举报投诉及调查管理制度; 2. 安全生产举报投诉登记台账。 **现场检查:** 1. 是否公开安全生产举报、投诉电话号码、通信地址或电子邮箱等安全生产举报投诉渠道; 2. 是否公布了调查处理结果	5 AR	1. 无安全生产举报投诉制度,扣2分; 2. 没有公开安全生产举报投诉渠道,扣2分; 3. 对接到的安全生产举报和投诉未及时调查和处理或处理结果未公开的,每次扣0.5分	

续上表

评价类目	评价项目		释义	评价方法	标准分值	评价标准	得分
十三、安全文化(30分)	2.安全行为	①企业应建立包括安全价值观、安全愿景、安全使命和安全目标等在内的安全承诺	本条所称“安全承诺”是指由企业公开做出的、代表了全体员工在关注安全和追求安全绩效方面所具有的稳定意愿及实践行动的明确表示。安全承诺就是兑现落实安全生产责任,并通过公开承诺这种形式约束和规范自身的行为,接受政府、社会和从业人员的监督	**查资料:** 1.查企业开展安全承诺活动证明资料; 2.安全生产承诺书。 **询问:** 抽查3~5名员工是否了解安全承诺的内容	5 ★	1.企业未开展安全承诺活动,扣5分; 2.未签订安全承诺书,扣1分; 3.相关人员不了解安全承诺内容的,每人次扣0.5分	
		②企业应结合企业实际编制员工安全知识手册,并发放到职工	编制员工安全知识手册是宣传安全文化的一个重要载体,也是企业规范员工安全行为的一项重要措施,企业应该按照有关规定编制安全知识手册,并发放到每位员工。目的在于让所有从业人员时刻保持安全警钟长鸣,让安全意识常增,让企业发展常安	**查资料:** 1.企业安全知识手册; 2.安全知识手册发放记录。 **询问:** 抽查3~5名员工对本岗位相关的安全知识手册内容是否熟悉	5	1.没有编制手册,不得分; 2.无发放记录,扣2分; 3.抽查从业人员,询问人员不了解本岗位相关安全知识手册内容的,每人次扣1分	

续上表

评价类目	评价项目		释　　义	评价方法	标准分值	评价标准	得分
十三、安全文化(30分)	2.安全行为	③企业应组织开展安全生产月活动、安全生产班组竞赛活动,有方案、有总结	每年6月都是我国各大部委都要组织开展安全生产月活动,安全生产月活动及有关安全生产竞赛活动已成为安全生产管理过程中的一项重要活动。通过活动营造安全生产氛围,进一步强化企业安全管理,增强从业人员的安全意识,促进企业安全生产的持续稳定。 企业应按国家、有关上级部门和行业主管部门要求,结合企业制度和实际,制定本企业的活动方案,明确指导思想、活动主题、领导组织机构、具体内容和总结上报等活动要求	**查资料:** 1. 企业开展安全生产月活动和安全生产班组竞赛活动的方案; 2. 相关活动记录资料; 3. 相关活动总结材料	5	1. 未制定安全生产月活动、安全生产班组竞赛活动方案的,每项扣1分; 2. 未按方案开展相关活动的,每项扣1分; 3. 未对相关活动进行总结,每项扣2分	

续上表

评价类目	评价项目		释义	评价方法	标准分值	评价标准	得分
十三、安全文化(30分)	2.安全行为	④企业应对安全生产进行检查、评比、考评,总结和交流经验,推广安全生产先进管理方法,对在安全工作中做出显著成绩的集体、个人给予表彰、奖励,并与其经济利益挂钩	对安全生产进行多种形式的检查,有利于企业各部门、基层单位发现和整改安全隐患,通过评比、考评,有利于优秀集体或个人脱颖而出。通过对优秀集体或个人的好的安全管理经验进行总结,一方面使优者将其好的做法和经验进行提升、固化,一方面更有利于其他集体或个人进行学习,促进其安全绩效的不断改进和企业整体安全管理水平的不断提升。 至少每年对在安全工作中做出显著成绩的集体、个人给予一次表彰和奖励,并与其经济利益挂钩。一方面对优秀集体和个人的安全管理和安全行为的充分肯定和鼓励,有利于其继续保持良好的作风和传统;另一方面,有利于充分发挥优秀集体和个人的榜样和典范作用	**查资料:** 1. 安全生产管理制度; 2. 企业定期总结和交流经验,推广安全生产先进管理方法的证明材料; 3. 奖励表彰的证明文件	5	1. 未定期开展总结和交流经验,推广安全生产先进管理方法活动的,扣2分; 2. 未按规定对安全工作中做出显著成绩的集体、个人给予进行表彰、奖励的,扣3分	

续上表

评价类目	评价项目		释义	评价方法	标准分值	评价标准	得分
十四、应急管理（85分）	1.预案制定	①企业应在开展安全风险评估和应急资源调查的基础上，建立生产安全事故应急预案体系，制定符合GB/T 29639—2013规定的生产安全事故应急预案，针对安全风险较大的重点场所（设施）制定现场处置方案，并编制重点岗位、人员应急处置卡	生产安全事故应急救援预案，是指生产经营单位根据本单位的实际情况，针对可能发生的事故的类别、性质、特点和范围等情况制定的事故发生时的组织、技术措施和其他应急措施	**查资料：** 1. 安全风险评估和应急资源调查报告； 2. 生产安全事故应急预案； 3. 现场处置方案及重点岗位、人员的应急处置卡	10 AR	1. 未编制安全风险评估和应急资源调查报告，扣1分； 2. 生产安全事故应急预案体系不全，每项扣2分； 3. 现场处置方案不全，每项扣2分； 4. 重点岗位、人员应急处置卡不全，或处置卡信息不完整，每项扣1分	

续上表

评价类目	评价项目		释义	评价方法	标准分值	评价标准	得分
十四、应急管理(85分)	1.预案制定	②应急预案应与当地政府、行业管理部门预案保持衔接,报当地有关部门备案,通报有关协作单位	根据《企业安全生产标准化基本规范》和《关于进一步加强企业安全生产工作的通知》,企业应急预案应根据有关规定报当地主管部门备案,与当地政府应急预案保持衔接,通报有关应急协作单位,并定期进行演练	**查资料:** 1. 文件:获取的当地政府、行业管理部门的应急预案; 2. 应急预案报当地有关部门备案的记录; 3. 应急预案通报有关协作单位的记录	5	1. 未明确如何将企业突发事件应急预案与行业主管部门、政府预案保持衔接,扣3分; 2. 突发事件应急预案未报备属地行业主管部门和当地政府安全监督管理等部门,扣2分; 3. 未与协作单位联动,扣1分	
		③企业应组织开展应急预案评审或论证,并定期进行评估和修订	根据《企业安全生产标准化基本规范》和《生产安全事故应急预案管理办法》,应急预案应定期评审,并根据评审结果或实际情况的变化进行修订和完善,至少每3年修订1次,预案修订情况应有记录并归档	**查资料** 1. 应急预案定期评审的管理规定; 2. 应急预案的定期评审记录:包括评审会议签到表、应急预案评审记录等; 3. 应急预案修订相关记录	5 ★★	1. 未将应急预案执行情况纳入企业安全生产标准化定期评审制度,扣5分; 2. 未按规定对应急预案进行定期评审,扣5分; 3. 未根据评审情况对预案进行修改完善,扣3分; 4. 查相关记录,应急预案修订未向事先报备或通报的单位或部门报告,扣2分	

续上表

评价类目	评价项目		释义	评价方法	标准分值	评价标准	得分
十四、应急管理（85分）	2.预案实施	企业应开展应急预案的宣传教育培训，使有关人员了解应急预案内容，熟悉应急职责、应急程序和应急处置方案，并普及生产安全事故预防、避险、自救和互救知识	为提高应对突发事件的能力，最大限度地减少突发事件及其造成的危害，保障员工生命财产安全，根据《生产安全事故应急预案管理办法》规定，生产经营单位应当采取多种形式开展应急预案的宣传教育培训，普及生产安全事故预防、避险、自救和互救知识，使有关人员了解应急预案内容，熟悉应急职责、应急程序和岗位应急处置方案，提高从业人员安全意识和应急处置技能。 应急预案的要点和程序应当张贴在应急地点和应急指挥场所，并设有明显的标志	**查资料：** 1. 企业开展应急预案的宣传教育培训等活动资料； 2. 培训活动应有教案、培训记录及相关测试等。 **询问：** 抽查、询问从业人员是否了解应急预案内容，熟悉应急职责、应急程序和应急处置方案等	5	1. 未开展宣传教育培训或无记录不得分； 2. 宣传教育培训内容缺项的，扣2分； 3. 抽查从业人员对应急有关知识不熟的，一人次扣1分	

续上表

评价类目	评价项目		释义	评价方法	标准分值	评价标准	得分
十四、应急管理（85分）	3. 应急队伍	①企业应按照有关规定建立应急管理组织机构或指定专人负责应急管理工作，建立与本企业安全生产特点相适应的专（兼）职应急救援队伍	根据《企业安全生产标准化基本规范》规定，企业应建立与本单位安全生产特点相适应的专（兼）职应急救援队伍，或指定专（兼）职应急救援人员	**查资料：** 1. 建立应急管理组织机构或专（兼）职应急救援队伍的文件； 2. 应急救援队伍职责； 3. 应急救援人员名单。 **询问：** 3～5名应急救援人员联系方式并验证	5	1. 未明确相应的专（兼）职应急救援队伍的组成、职责，扣5分； 2. 未汇编应急救援人员的岗位、姓名、联系方式，扣3分； 3. 按应急救援人员名单，抽查3～5名，联系方式等信息不准确，扣2分	
		②企业应组织应急救援人员日常训练	《企业安全生产标准化基本规范》规定：企业应建立与本单位安全生产特点相适应的专（兼）职应急救援队伍，或指定专（兼）职应急救援人员，并组织训练；无须建立应急救援队伍的，可与附近具备专业资质的应急救援队伍签订服务协议	**查资料：** 1. 应急救援人员日常训练计划； 2. 应急救援人员日常训练记录，包括签到表、训练记录、训练效果评价记录	5	1. 未制定应急救援人员日常训练计划，扣5分，内容不完善，扣1～2分； 2. 未按计划组织应急救援人员训练，扣3分； 3. 应急救援人员日常训练记录不完整，每缺1项，扣1分	

续上表

评价类目	评价项目		释　义	评价方法	标准分值	评价标准	得分
十四、应急管理(85分)	4.应急物资	①企业应根据可能发生的事故种类特点，按照有关规定设置应急设施，配备应急装备，储备应急物资	应急装备是指用于应急管理与应急救援的工具、器材、服装、技术力量等。 《企业安全生产标准化基本规范》规定：企业应按规定建立应急设施，配备应急装备	**查资料：** 1. 公司应急物资/设施台账； 2. 应急物资购置、更新、发放台账。 **现场检查：** 救援应急物资、装备的储备场所：配备应急物资/装备的种类、数量	5 AR	1. 未按规定配备相应的救援应急物资和装备，扣5分； 2. 未及时配置和更新应急物资，每缺少1项扣0.5分	
		②企业应建立管理台账，安排专人管理，并定期检查、维护，确保其完好、可靠	《生产安全事故应急预案管理办法》规定：生产经营单位应当按照应急预案的要求配备相应的应急物资及装备，建立使用状况档案，定期检测和维护，使其处于良好状态	**查资料：** 1. 应急物资购置、更新、发放台账； 2. 应急物资/装备定期检测、维护记录。 **现场检查：** 应急装备的使用状态	5	1. 未建立应急装备、维护、检查检测、使用状况的台账和档案，扣3分，记录不详细，扣1分； 2. 现场查看，按规定对应急装备进行日常维护和检查，应急装备状态不良，每个扣1分	

续上表

评价类目	评价项目		释义	评价方法	标准分值	评价标准	得分
十四、应急管理(85分)	5.应急演练	①企业应按照AQ/T 9007—2011《生产安全事故应急演练指南》的规定定期组织公司(厂)、车间(工段、区、队、船、项目部)、班组开展生产安全事故应急演练,做到一线从业人员参与应急演练全覆盖	应急预案演练是指针对可能发生的事故、按照应急预案规定的程序和要求所进行的程序化模拟训练演练。 《生产安全事故应急预案管理办法》规定:生产经营单位应当制定本单位的应急预案演练计划,根据本单位的事故预防重点,每年至少组织1次综合应急预案演练或者专项应急预案演练,每半年至少组织一次现场处置方案演练	**查资料:** 1.应急预案演练计划; 2.应急预案演练记录,包括应急预案演练通知、演练方案、演练签到表、演练记录及影像资料	10 ★★★	1.应按规定制定应急预案演练计划,并印发; 2.应按计划开展应急演练,并保留应急演练记录;应急演练记录,应完整、齐全,真实	
		②企业应按照AQ/T 9009—2015《生产安全事故应急演练评估规范》的规定对演练进行总结和评估,根据评估结论和演练发现的问题,修订、完善应急预案,改进应急准备工作	《生产安全事故应急预案管理办法》规定:应急预案演练结束后,应急预案演练组织单位应当对应急预案演练效果进行评估,撰写应急预案演练评估报告,分析存在的问题,并对应急预案提出修订意见	**查资料:** 1.应急演练总结和评估的规定(明确责任人和要求); 2.应急演练总结、评审记录、评审报告; 3.演练发现问题的分析整改资料; 4.应急预案修订相关资料	5	1.未明确应急演练效果评审的责任人和要求,扣2分; 2.未及时编写评审报告,扣5分;评审报告内容不完善;扣1~2分; 3.评审提出的问题的分析整改资料不完善,扣2分; 4.未针对存在的问题,对应急预案提出修订意见,并及时修订;扣3分	

续上表

评价类目	评价项目		释义	评价方法	标准分值	评价标准	得分
十四、应急管理(85分)	6.应急处置	发生事故后,企业应根据预案要求,立即启动应急响应程序,按照有关规定报告事故情况,并开展先期处置	《生产安全事故应急预案管理办法》规定:生产经营单位发生事故后,应当及时启动应急预案,组织有关力量进行救援,并按照规定将事故信息及应急预案启动情况报告安全生产监督管理部门和其他负有安全生产监督管理职责的部门	**查资料:** 1. 事故台账; 2. 事故调查处理报告	5	1. 未发生过事故的,本项得满分; 2. 接到事故信息后,未按规定及时启动应急预案,并实施现场应急救援,扣5分; 3. 应急预案不能起到快速反应,迅速处置,避免人员伤亡、减少财产损失、降低环境污染程度,扣3分; 4. 未按规定向有关部门报告事故情况,扣3分	
	7.应急评估	①企业应对应急准备、应急处置工作进行评估	应急准备评估是对政府、生产经营单位的应急管理机构、应急预案编制、应急培训、应急演练、应急队伍、应急资源等进行评估,以确保其具备相应的应急准备能力、保存其持续改进机制,并形成书面报告的活动	**查资料:** 1. 应急准备/应急处置评估管理规定; 2. 应急准备/应急处置评估计划,可包括(动态评估、静态评估); 3. 应急准备/应急处置评估记录、评估报告; 4. 评估发现问题的整改、落实资料	5 ★	1. 未制定应急准备、应急处置评估相关规定,扣2分; 2. 未按计划开展应急准备/应急处置评估,评估报告内容不全,扣1~3分; 3. 应急准备、应急处置评估记录、问题整改记录等,不全,缺1项,扣0.5分	

续上表

评价类目	评价项目		释义	评价方法	标准分值	评价标准	得分
十四、应急管理(85分)	7.应急评估	②运输、储存危险物品或处置废弃危险物品的企业,应每年进行一次应急准备评估	安全生产应急准备评估指南中要求被评估单位至少每年组织1次安全生产应急准备评估,所编制的评估报告应针对评估过程中发现的问题制定整改措施,并组织落实	**查资料:** 1. 年度应急准备评估计划; 2. 年度应急准备评估记录、评估报告; 3. 评估发现问题、整改措施及落实资料	3	1. 未制定年度应急准备评估计划,扣1分; 2. 未按计划安排组织应急准备评估,扣3分; 3. 评估记录、评估报告、评估问题的整改资料不完整,扣1~2分	
		③完成险情或事故应急处置后,企业应主动配合有关组织开展应急处置评估	为了掌握公司应对险情或生产安全事故的情况,对公司应急能力进行评估,找出应急准备、应急处置的薄弱环节。制定相应的措施加强应急能力	**查资料:** 发生险情或事故,采取应急处置措施后,进行应急处置评估的相关资料	2	1. 完成事故应急处置后,企业未配合有组织开展应急处置评估,不得分; 2. 完成事故应急处置后,企业配合有组织开展应急处置评估,未保留评估报告,扣1分	

续上表

评价类目	评价项目		释　义	评价方法	标准分值	评价标准	得分
十四、应急管理（85分）	8.人员疏散	①企业应制定疏散逃生预案并定期组织疏散逃生演练	客运站属于人员密集场所，需制定切实可行的疏散逃生预案，并定期组织疏散逃生演练	**查资料：** 疏散逃生预案及演练记录。 **现场检查：** 疏散指示标志及疏散、逃生器材的配备是否符合规范要求	5	1. 无疏散逃生预案及演练记录，扣2分； 2. 疏散指示标志及疏散、逃生器材的配备是否符合规范要求，每项扣1分	
		②企业从业人员应熟练掌握疏散逃生知识，会使用疏散逃生器材，熟知疏散逃生路线	客运站要通过疏散逃生演练，使相关工作人员熟知疏散的程序和路线，确保在火灾、地震等突发情况发生时，应急工作能快速、高效、有序地进行，最大限度地保障旅客的生命、财产安全	**询问：** 1. 随机抽查企业从业人员是否熟练掌握疏散逃生知识及疏散逃生器材的使用方法； 2. 随机抽查企业从业人员是否熟知疏散逃生路线	5	企业从业人员未熟练掌握疏散逃生知识及疏散逃生器材的使用方法，未熟知疏散逃生路线，每人扣1分	

续上表

评价类目	评价项目		释义	评价方法	标准分值	评价标准	得分
十五、事故报告调查处理(40分)	1.事故报告	①企业应建立事故报告程序,明确事故内外部报告的责任人、时限、内容等,并教育、指导从业人员严格按照有关规定的程序报告发生的生产安全事故	企业应按照《生产安全事故报告和调查处理条例》规定,事故发生后,事故现场有关人员应当立即向本单位负责人报告;单位负责人接到报告后,应当于1小时内向事故发生地县级以上人民政府安全生产监督管理部门和负有安全生产监督管理职责的有关部门报告	**查资料:** 1.事故报告程序的规定; 2.事故报告	5	1.事故报告程序规定的内容不够充分、完整,扣3分; 2.未按事故报告程序的规定,发生事故后,按要求进行内外部报告,扣5分; 3.事故报告过程的资料保留不全,扣1~2分	
		②发生事故,企业应及时进行事故现场处置,按相关规定及时、如实向有关部门报告,没有瞒报、谎报、迟报情况。并应跟踪事故发展情况,及时续报事故信息	企业必须在及时妥善应对处置事故同时,严格按照规定上报事故情况。 "迟报"是指报告事故的时间超过规定时限; "漏报"是指因过失对应当上报的事故或者事故发生的时间、地点、类别、伤亡人数、直接经济损失等内容遗漏未报;	**查资料:** 1.安全生产事故报告的规定; 2.事故记录、台账等; 3.事故报告	5 ★★★	1.制定安全生产事故报告的规定,应责任明确、内容完善、满足规定要求; 2.事故发生后,现场负责人应迅速采取有效措施,组织抢救,防止事故扩大,减少人员伤亡和财产损失; 3.及时、准确、如实向有关部门报告,没有瞒报、谎报、迟报情况;	

续上表

评价类目	评价项目		释义	评价方法	标准分值	评价标准	得分
十五、事故报告调查处理(40分)	1.事故报告		“谎报”是指故意不如实报告事故发生的时间、地点、类别、伤亡人数、直接经济损失等有关内容; “瞒报”是指故意隐瞒已经发生的事故,并经有关部门查证属实			4.事故报告应包括下列内容:事故发生概况;事故发生时间、地点以及事故现场情况;事故简要经过;事故已造成或者可能造成的伤亡人数(包括失踪的人数)、水域环境污染情况下、初步估计的直接经济损失;已经采取的措施等	
		③企业应跟踪事故发展情况,及时续报事故信息	《生产安全事故报告和调查处理条例》规定:事故报告后出现新情况的,应当及时补报	**查资料:** 1.安全生产事故报告的规定; 2.续报事故信息相关记录	2	1.未明确及时续报事故信息要求,扣2分; 2.续报事故信息未保留记录,扣1分,记录不完整,扣1~2分	

续上表

评价类目	评价项目		释　　义	评价方法	标准分值	评价标准	得分
十五、事故报告调查处理（40分）	2. 事故处置	企业接到事故报告后，迅速采取有效措施，组织抢救，防止事故扩大，减少人员伤亡和财产损失	《中华人民共和国安全生产法》规定：生产经营单位负责人接到有关人员的事故报告后，应当迅速采取有效措施，组织抢救，防止事故扩大，减少人员伤亡和财产损失	**查资料：** 1. 应急预案； 2. 事故台账和调查报告； 3. 事故或事件发生后，对预案评审的报告。 **询问：** 企业负责人、各职能部门负责人是否了解事故时各自的职责	5	1. 未明确企业有关人员职责的，每项扣1分； 2. 相关人员不了解应急职责的，每人次扣1分； 3. 发生事故后未启动应急救援预案的，不得分；企业负责人未直接指挥的，不得分	
	3. 事故调查处理	①企业应建立内部事故调查和处理制度，按照有关规定、行业标准和国际通行做法，将造成人员伤亡（轻伤、重伤、死亡等人身伤害和急性中毒）和财产损失的事故纳入事故调查和处理范畴	按照有关规定、行业标准和国际通行做法，将造成人员伤亡（轻伤、重伤、死亡等人身伤害和急性中毒）和财产损失的事故纳入事故调查和处理范畴	**查资料：** 1. 事故调查和处理制度； 2. 事故台账及事故调查处理资料	5	1. 未制定事故调查和处理制度，扣5分； 2. 事故调查和处理制度规定不合理、不完善等，扣1～3分； 3. 未按规定将造成人员伤亡（轻伤、重伤、死亡等人身伤害和急性中毒）和财产损失的事故进行调查和处理的，扣3分； 4. 事故调查和处理资料不全，扣1～2分	

续上表

评价类目	评价项目		释义	评价方法	标准分值	评价标准	得分
十五、事故报告调查处理(40分)	3.事故调查处理	②企业应积极配合各级人民政府组织的事故调查,随时接受事故调查组的询问,如实提供有关情况	发生事故后,配合上级部门的事故调查是企业法定责任和义务。企业按照《生产安全事故报告和调查处理条例》配合上级部门,事故调查时应及时如实提供有关情况	**查资料:** 1.事故调查规定; 2.事故报告调查处理资料	5	1.未制定事故调查的相关规定,扣5分;规定中相关职责不明确,内容操作性差,扣1~2分; 2.查事故调查台账,未按规定成立事故调查组进行内部调查,扣2分;未积极配合事故调查及如实提供有关情况,扣2分	
		③企业应按时提交事故调查报告,分析事故原因,落实整改措施	《生产安全事故报告和调查处理条例》规定:事故报告后出现新情况的,应当及时补报	**查资料:** 1.事故报告调查相关规定; 2.事故调查报告; 3.事故原因分析及整改措施资料	3	1.事故报告调查规定的内容不充分,扣1~2分; 2.企业未及时上报事故调查报告,扣1分; 3.未进行事故原因分析,落实整改措施扣3分	

续上表

评价类目	评价项目		释义	评价方法	标准分值	评价标准	得分
十五、事故报告调查处理(40分)	3.事故调查处理	④发生事故后,企业应及时组织事故分析,并在企业内部进行通报。并应按时提交事故调查报告,分析事故原因,落实整改措施	发生事故后,企业有义务按照“四不放过”原则对事故发生的原因进行分析,分析事故的直接、间接原因和事故责任,提出整改措施和处理建议	**查资料:** 1.事故责任调查分析制度; 2.事故调查报告或事故责任调查档案; 3.事故原因分析、整改措施及落实相关记录	2	1.未制定事故责任调查分析制度,扣2分;制度不完善,扣1分; 2.针对已发生的事故,未及时召开安全生产分析通报会,扣2分; 3.未及时对事故当事人进行各环节、全过程责任倒查及处理,扣2分	
		⑤企业应按“四不放过”原则严肃查处事故,严格追究责任领导和相关责任人。处理结果报上级主管部门备案	查事故档案和事故调查相关记录,看企业按照“四不放过”(事故原因未查清不放过,责任人员未处理不放过,整改措施未落实不放过,有关人员未受到教育不放过)原则进行整改情况	**查资料:** 1.安全生产事故责任追究办法; 2.事故责任追究记录/档案; 3.事故追责处理结果报上级主管部门备案的资料	5 ★	1.制定完善的安全生产事故责任追究办法,且印发实施;未制定扣5分,未发放扣1分; 2.针对已经发生的安全生产事故,按“四不放过”原则对责任领导和相关责任人实施责任追究和处理;追责处理不到位的,扣1~3分; 3.处理结果按规定报有关主管部门备案,未报有关部门备案,扣3分	

续上表

评价类目	评价项目		释义	评价方法	标准分值	评价标准	得分
十五、事故报告调查处理(40分)	4.事故档案管理	企业应建立事故档案和管理台账,将承包商、供应商等相关方在企业内部发生的事故纳入本企业事故管理	《交通运输企业安全生产标准化建设基本规范》中规定企业应建立事故档案和管理台账,将承包商、供应商等相关方在企业内部发生的事故纳入本企业事故管理	**查资料:** 1.承包商、分包商安全事故管理规定; 2.事故档案和事故管理台账; 3.承包商、供应商事故调查处理资料	3	1.未制定承包商、分包商安全事故管理规定,扣3分;内容不充分,扣1~3分; 2.未按规定对供应商、分包方安全生产事故进行管理,扣2分; 3.事故调查处理资料不完整,扣1~2分; 4.供应商、分包商事故档案和管理台账不全,有1处,扣1分	
十六、绩效评定与持续改进(20分)	1.绩效评定	①企业应每年至少一次对本单位安全生产标准化的运行情况进行自评,验证各项安全生产制度措施的适宜性、充分性和有效性	企业应按要求每年至少一次全面、系统地与本标准逐条、逐项进行判断和对比、打分、综合分析对本单位安全生产标准化的实施情况进行评定,验证各项安全生产制度措施的适宜性、充分性和有效性,总结安全生产工作现状,查找问题,持续改进	**查资料:** 1.安全生产标准化自评管理规定; 2.查开展自评活动的记录、报告等	5	1.未建立安全生产标准化自评管理制度的,扣3分; 2.自评活动的策划、实施、总结、报告等不符合要求的,每处扣1分	

续上表

评价类目	评价项目		释义	评价方法	标准分值	评价标准	得分
十六、绩效评定与持续改进(20分)	1.绩效评定	②企业主要负责人应全面负责自评工作。自评应形成正式文件,并将结果向所有部门、所属单位和从业人员通报,作为年度考评的重要依据	安全生产标准化自评工作应由企业主要负责人组织实施,自评结果要经主要负责人确认后向所有部门、所属单位和从业人员通报,并将结果作为年度评价的重要依据。自评报告内容应包含《交通运输企业安全生产标准化建设评价管理办法》中要求的全部内容	**查资料:** 1.查主要负责人组织实施自评工作的证明材料; 2.查安全生产标准化自评报告; 3.查自评报告向所有部门、所属单位和从业人员通报的证明材料	5	1.未提供主要负责人组织实施自评工作的证明材料,扣3分; 2.自评报告内容或自评范围不完整的,每处扣1分; 3.自评报告未向所有部门、所属单位和从业人员通报的,扣2分	
	2.持续改进	企业应根据安全生产标准化管理体系的自评结果和安全生产预测预警系统所反映的趋势,以及绩效评定情况,客观分析企业安全生产标准化管理体系的运行质量,及时调整完善安全生产目标、指标、规章制度、操作规程等相关管理文件和过程管控,持续改进,不断提高安全生产绩效	企业安全管理体系是指企业内部全部管理体系中专门管理安全工作的部分,包括为制定、实施、实现、评审和保持安全方针、目标所需的组织机构、职责、惯例、程序、过程和资源。	**查资料:** 1.安全管理体系综合评价与改进制度; 2.安全生产标准化管理综合评价与改进制度落实文件; 3.查综合评价与改进过程中发现问题的整改材料; 4.查相关机构颁发的管理体系认证证书	10	1.未制定安全管理体系综合评价与改进制度,扣5分; 2.未按要求对安全生产标准化管理体系进行综合评价分析,扣5分; 3.未对评价分析出的问题提出整改措施并组织实施的,每项扣2分; 4.未取得有效的管理体系认证证书,扣5分	

续上表

评价类目	评价项目		释　　义	评价方法	标准分值	评价标准	得分
十六、绩效评定与持续改进(20分)	2.持续改进		企业应制定安全生产标准化管理综合评价与改进制度，明确综合评价改进责任部门和相关责任人。 综合评价与改进的内容应包括与企业安全生产工作有关事项，至少包括标准化自评结果，安全生产预测预警系统所反映的趋势，以及绩效评定情况，一般通过会议形式进行，由企业安全生产第一责任人主持，各相关部门分别提供有关年度分析报告，制度还应明确会议计划制定与印发、会议材料准备、会议记录、综合评价与改进报告、发现问题的处理等责任人和主要内容。 安全生产标准化管理综合评价与改进工作，一般安排在年度自评以后，对考评情况进行综合分析评定。				

续上表

评价类目	评价项目		释义	评价方法	标准分值	评价标准	得分
十六、绩效评定与持续改进(20分)	2.持续改进		在每年安全生产标准化管理综合评价与改进后,全面综合分析企业安全生产标准化管理工作,着眼长效,运用系统化和标准化管理的原理,完善各项安全生产目标指标、管理制度、操作规程等文件和控制过程,形成企业安全生产管理体系,以持续改进,不断提高安全生产绩效				

评分说明:

1."★"为一级必备条件;"★★"为一、二级必备条件;"★★★"为一、二、三级必备条件,即所有一级企业必须满足一、二、三星要求,二级企业需满足二、三星要求,三级企业需满足三星要求。

2.除满足上述星项要求外,带有标注"AR"(Additional requirements 的意思)的项目执行限制扣分要求,申请一级的企业该项目扣分分值不得超过该项分值的10%,申请二级的企业该项目扣分分值不得超过该项分值的25%,申请三级的企业该项目扣分分值不得超过该项分值的40%,所有"★"项,二、三级企业按照"AR"项要求执行,所有"★★"项,三级企业按照"AR"项要求执行,所有评分项目中存在一项超过上述扣分要求的为达标建设不合格。

3.所有指标中要求的内容,如评审企业不涉及此项工作或当地主管机关未要求开展的,视为不涉及项处理,所得总分按照千分制比例进行换算。如:某企业不涉及项分数为100分,对照千分表去除不涉及项得分为720分,则最终评价得分为720/900×1000=800分。

4.所有涉及抽查、询问人员的指标,按企业各种车辆清单、人员名单总数抽取,抽取数量为企业车辆、人员总数开根取整。应包含企业拥有的各种车辆类型、各类岗位人员,每种车辆类型、人员岗位类型至少抽取一辆(人)。对于危险品运输企业,各类危险品运输车至少抽一辆。

第二章　汽车客运站安全生产标准化评价扣分表

评价类目	评 价 项 目	标准分值	得分
一、目标与考核(30分)	①企业应结合实际制定安全生产目标。安全生产目标应： a.符合或严于相关法律法规的要求； b.形成文件，并得到本企业所有从业人员的贯彻和实施； c.与企业的职业安全健康风险相适应； d.具有可考核性，体现企业持续改进的承诺； e.便于企业员工及相关方获得	5 ★★★	
	②企业应根据安全生产目标制定可考核的安全生产工作指标，指标应不低于上级下达的目标	5	
	③企业应制定实现安全生产目标和工作指标的措施	5	
	④企业应制定安全生产年度计划和专项活动方案，并严格执行	5	
	⑤企业应将安全生产工作指标进行细化和分解，制定阶段性的安全生产控制指标，并予以考核	5	
	⑥企业应建立安全生产目标考核与奖惩的相关制度，并定期对安全生产目标完成情况予以考核与奖惩	5	

续上表

评价类目	评价项目		标准分值	得分
二、管理机构和人员(35分)	1. 安全生产管理机构	①企业应建立以企业主要负责人为领导的安全生产委员会(或安全生产领导小组),并应职责明确。应建立健全从安全生产委员会(或安全生产领导小组)至基层班组的安全生产管理网络	10 ★★	
		②企业应按规定设置与企业规模相适应的安全生产管理机构	5 ★★★	
		③企业应定期召开安全生产委员会或安全生产领导小组会议。安全生产管理机构或下属分支机构每月至少召开一次安全工作例会	5 AR	
	2. 安全管理人员	①企业应按规定配备专(兼)职安全生产和应急管理人员	10 ★★★	
		②企业的主要负责人和安全生产管理人员应具备与本企业所从事的生产经营活动相适应的安全生产和职业卫生知识与能力,并保持安全生产管理人员的相对稳定	5	
三、安全责任体系(35分)	1. 健全责任制	①企业应建立安全生产责任制,明确安全生产委员会(或安全生产领导小组)、安全生产管理机构、各职能部门、生产基层单位的安全生产职责,层层签订安全生产责任书,并落实到位	10 AR	
		②企业主要负责人或实际控制人是本企业安全生产第一责任人,对本企业安全生产工作全面负责,负全面组织领导、管理责任和法律责任,并履行安全生产的责任和义务	5 ★★★	

续上表

评价类目	评价项目		标准分值	得分
三、安全责任体系(35分)	1. 健全责任制	③分管安全生产的企业负责人是安全生产的重要负责人,应协助企业安全生产第一责任人落实各项安全生产法律法规、标准,统筹协调和综合管理企业的安全生产工作,对本企业安全生产负重要管理责任	5	
		④其他负责人及员工实行“一岗双责”,对业务范围内的安全生产工作负责	5	
	2. 责任制考评	企业应根据安全生产责任进行定期考核和奖惩,并公布考评结果和奖惩情况	10 ★★	
四、资质、法律法规与安全生产管理制度(65分)	1. 资质	企业的《企业法人营业执照》《道路运输经营许可证》资质证书应合法有效,经营范围应符合要求	5 ★★★	
	2. 法律法规及标准规范	①企业应制定及时识别、获取适用的安全生产法律法规、规范标准及其他要求的管理制度,明确责任部门,建立清单和文本(或电子)档案,并定期发布	5	
		②企业应及时对从业人员进行适用的安全生产法律法规、规范标准宣贯,并根据法规标准和相关要求及时制修订本企业安全生产管理制度	5	

续上表

评价类目	评价项目		标准分值	得分
四、资质、法律法规与安全生产管理制度(65分)	3. 安全管理制度	①企业应制定安全生产与职业卫生管理制度	5	
		②企业制定的安全生产管理制度应符合国家现行的法律法规的要求	5	
		③企业应组织从业人员进行安全生产管理制度的学习和培训	5	
		④企业应将相关的规章制度及时传达给相关方	5	
	4. 操作规程	①企业应制定各岗位操作规程,操作规程应满足国家和行业相关标准规范的要求	5 ★★★	
		②企业应在新技术、新材料、新工艺、新设备设施投产或投用前,组织编制相应的操作规程,保证其适用性	5	
		③企业应及时将操作规程发放到相关岗位,组织对从业人员进行操作规程的培训	5	
	5. 修订	企业应定期对安全管理制度和操作规程进行评审,并根据评审结论及时进行修订,确保其有效性、适应性和符合性。在发生以下情况时,应及时对相关的管理制度或操作规程进行评审、修订: a. 国家相关法律、法规、规程、标准废止、修订或新颁布; b. 企业归属、体制、规模发生重大变化; c. 生产设施新建、改建、扩建规模、作业环境已发生重大改变; d. 设备设施发生变更;	5	

续上表

评价类目	评 价 项 目		标准分值	得分
四、资质、法律法规与安全生产管理制度(65分)	5. 修订	e. 作业工艺、危险有害特性发生变化； f. 政府相关行政部门提出整改意见； g. 安全评价、风险评估、体系认证、分析事故原因、安全检查发现涉及规章制度、操作规程的问题； h. 其他相关事项		
	6. 制度执行及档案管理	①企业每年至少一次对安全生产法律法规、标准规范、规章制度、操作规程的执行情况进行检查	5	
		②企业应建立和完善各类台账和档案，并按要求及时报送有关资料和信息	5 AR	
五、安全投入(40分)	1. 资金投入	①企业应按规定足额提取(列支)安全生产费用	15 ★★	
		②安全生产经费应专款专用，企业应保证安全生产投入的有效实施	10	
		③企业应及时投入满足安全生产条件的所需资金	5 AR	

续上表

评价类目	评 价 项 目		标准分值	得分
五、安全投入（40分）	2. 费用管理	①企业应建立安全生产费用台账	5	
		②企业应跟踪、监督安全生产费用使用情况。企业安全生产费用应按照“企业提取、政府监管、确保需要、规范使用”的原则进行管理，安全生产费用应按照以下范围使用： a. 完善、改造和维护安全防护设施设备支出（不含“三同时”要求初期投入的安全设施），包括交通运输设施设备和装卸工具安全状况检测及维护系统、运输设施设备和装卸工具附属安全设备等支出； b. 配备、维护应急救援器材、设备支出和应急演练支出； c. 开展重大危险源和事故隐患评估、监控和整改支出； d. 安全生产检查、评价（不包括新建、改建、扩建项目安全评价）、咨询和标准化建设支出； e. 配备和更新现场作业人员安全防护用品支出； f. 安全生产宣传、教育、培训支出； g. 安全生产适用的新技术、新标准、新工艺、新装备的推广应用支出； h. 安全设施及特种设备检测检验支出； i. 其他与安全生产直接相关的支出	5	

续上表

评价类目	评 价 项 目		标准分值	得分
六、装备设施(90分)	设施	①企业应具备与《汽车客运站级别划分和建设要求》相适应的场地和设施设备	5	
		②企业应按国家有关规定设置旅客疏散紧急通道,并规范标识	10 ★★★	
		③企业应配备与经营规模、范围及经营管理形式相适应的安全和消防设施、设备及器材,遇突发状况应能够及时有效应对	10 ★★	
		④企业应设置专门的车辆安全检查场地,配备必要的设备、设施、仪器等	10	
		⑤企业应按规定配置行包安全检查设备,并保持设备运行正常	10 ★★	
		⑥企业应设有覆盖安全重点部位视频监控设备,并保持实时监控	10	
		⑦企业应在客运站必要位置安装防撞桩	5	
		⑧企业应在售票厅、候车室、停车场等处设置宣传告示设备、安全警示标志、指示牌、示意图;悬挂安全警示图文、张贴旅客须知、禁运限运物品宣传图、安全宣传画、宣传标语	15	
		⑨企业各种设施、设备应维护良好	15	

续上表

评价类目	评价项目		标准分值	得分
七、科技创新信息化(25分)	1. 科技创新及应用	①企业应使用先进的、安全性能可靠的新技术、新工艺、新设备和新材料,优先选购安全、高效、节能的设备,不应使用明令淘汰的设备及工艺	5	
		②企业应设有安全生产管理系统或平台	5	
		③企业应利用现代科技手段,开展安全生产科技攻关	5	
	2. 信息化	①企业应根据实际情况开展科技信息化系统的建设	5	
		②企业应建立健全安全监管信息化软硬件设备安全管理制度	5	
八、教育培训(85分)	1. 培训管理	①企业应按规定开展安全教育培训,明确安全教育培训目标、内容和要求,定期识别安全教育培训需求,制定并实施安全教育培训计划	5	
		②企业应组织安全教育培训,保证安全教育培训所需人员、资金和设施	5	
		③企业应做好安全教育培训记录,建立从业人员安全教育培训档案	5 AR	
		④企业应组织对培训效果的后评估,改进提高培训质量	5	
	2. 资格培训	①企业主要负责人和安全生产管理人员应具备与所从事的生产经营活动相适应的安全生产知识和安全生产管理能力,应由负有安全生产监督管理职责的部门对其安全生产知识和管理能力进行考核并达到合格,且每年应接受不少于国家或地方政府规定学时的再教育培训	5 ★★★	

续上表

评价类目	评价项目		标准分值	得分
八、教育培训(85 分)	2. 资格培训	②企业的特种设备作业人员应按有关规定参加安全教育培训,取得《特种设备作业人员证》后,方可从事相应的特种设备作业或者管理工作,并按规定定期进行复审	5 ★★	
		③企业的特种作业人员应经专门的安全技术培训并考核合格,取得《中华人民共和国特种作业操作证》后,方可上岗作业,并按规定定期进行复审。离开特种作业岗位 6 个月以上的特种作业人员,应重新进行实际操作考试,经确认合格后方可上岗作业	5 AR	
	3. 宣传教育	企业应组织开展安全生产的法律、法规和安全生产知识的宣传、教育	5	
	4. 从业人员培训	①未经安全生产培训合格的从业人员,不得上岗作业	5	
		②从业人员应每年接受再培训,培训时间不得少于规定学时	5	
		③对离岗 1 年重新上岗、转换工作岗位的人员,应进行岗前培训。培训内容应包括安全法律法规、安全管理制度、岗位操作规程、风险和危害告知等,与新岗位安全生产要求相符合	5	

续上表

评价类目	评价项目		标准分值	得分
八、教育培训（85分）	4.从业人员培训	④应对新员工进行三级安全教育培训，经考核合格后，方可上岗。培训时间不得少于规定学时	5 AR	
		⑤企业使用被派遣劳动者的，应纳入本企业从业人员统一管理，进行岗位安全操作规程和安全操作技能的教育和培训	5	
		⑥应在新技术、新设备投入使用前，对管理和操作人员进行专项培训	5	
		⑦企业应对相关方进行安全教育，安全教育记录应及时归档	5	
		⑧企业应告知外来参观、学习等人员有关安全规定及安全注意事项	5	
	5.规范档案	企业应当建立安全生产教育和培训档案，如实记录安全生产教育和培训的时间、内容、参加人员以及考核结果等情况	5	
九、作业管理（265分）	1.作业现场	企业应严格执行操作规程和安全作业规定	10 AR	
	2.安全值班	企业应制定并落实值班计划和值班制度，重要时期实行领导到岗带班，有值班记录	5	

续上表

评价类目	评 价 项 目		标准分值	得分
九、作业管理（265 分）	3. 相关方管理	①两个以上生产经营单位在同一作业区域内进行生产经营活动，可能危及对方生产安全的，相关方应签订安全生产管理协议，明确各自的安全生产管理职责和应采取的安全措施，并指定专职安全生产管理人员进行安全检查与协调	5	
		②企业应与外来施工（作业）方签订安全协议，明确双方各自的安全责任	5	
		③企业应对短期合同工、临时用工、实习人员、外来参观人员、客户及其车辆等进入作业现场有相应的安全管理制度和措施	5	
		④企业应制定并落实三品（易燃、易爆、危禁品）查堵制度、防止“三品”进站上车的有效措施	10 ★★★	
		⑤企业应制定三品检查工作程序，设立专门的三品查堵岗位，配有三品检查员。对进站旅客携带的行李物品和托运行包进行安全检查，对查获的三品要进行登记并按有关规定妥善处理，应做到三品不进站	10 ★★	
	4. 车辆例检	①企业例检场所应满足车辆例检的作业要求，例检场地地面应坚实、平整，并具备防风、防淋、防晒及良好的采光、照明和通风等条件。例检场所应配置对讲设备。例检场所应设有供检查客车使用的地沟或举升装置。举升装置应满足 GB 27695—2011 等标准规范的相关要求	5	

续上表

评价类目	评价项目		标准分值	得分
九、作业管理（265分）	4.车辆例检	②企业应设置明显的车辆通行指示标志。应在例检场所醒目位置公布安全例检流程图示	5	
		③企业应按规定配备专门的安全例检人员。安全例检人员应熟悉客车结构、检验方法和相关技术标准，企业应对安全例检人员进行客车安全例行检查岗前专项培训并考核合格	5	
		④企业应按规范填写车辆安全例检记录，建立健全例检台账	5	
		⑤企业对查符合要求的营运车辆，安全例检人员签发安全例行合格通知单；例检不合格的营运车辆，安全例检人员开具不合格项目告知单，并按规定维修和复检	5	
	5.车辆出站前检查	①企业应制定并落实车辆出站检查制度。存在以下情况的客车不应发车出站： a.超载； b.安全例检不合格； c.驾驶员资格不符合要求； d.客车证件不齐全； e.出站登记表未经审核签字； f.乘客和驾驶员不系安全带，或未经受检客车驾驶员签字确定	10 ★★★	

续上表

评价类目	评价项目		标准分值	得分
九、作业管理(265分)	5. 车辆出站前检查	②企业车辆出站前应进行检查,主要内容包括:安全例检合格通知单、驾驶证、从业资格证、行驶证、道路运输证、线路标志牌、核载人数及实载人数等	5	
		③企业车辆出站门检应核查实际载客人数,并签字确认	5	
	6. 停车场管理	①企业应对客运站实行封闭式管理。停车场内区间划分明确,有导航及警示图表。实行车辆进出分道、人车分道,发车区、停车区、上下客区分区管理。应做到危险品不进站、无关人员不进站(发车区)、无关车辆不进站	10	
		②企业停车场内应有专人指挥,调度车辆进站发车,疏导旅客,停车整齐规范,人流、车流有序,安全通道畅通。	5	
	7. 站务管理	①企业应与道路旅客运输经营者签订安全责任协议,依法明确双方的安全责任	5	
		②企业应严格按客车核定人数售票、检票	5	
		③企业应制定并落实车辆报班制度	5	
		④营运客车安全例检不合格的车辆,调度部门不应调度客车发班	5 ★★★	

续上表

评价类目	评价项目		标准分值	得分
九、作业管理（265分）	7. 站务管理	⑤因天气、路况等原因影响行车安全时，企业视情况发车或要求停班	10	
		⑥企业应对行经三级以下公路的客运班线，合理安排发班时间，避免夜间通行	5	
		⑦企业客运班次安排应科学合理，往返班次有足够的途中作业时间和休息时间	5	
		⑧企业班车每日运行里程超过400km（高速公路直达客运超过600km）的，按规定要求车辆配备2名以上驾驶员	10 ★★★	
		⑨企业应落实安检及安全通道的安全检查等内容	5	
	8. 个体防护	①企业应根据接触危害的种类、强度，为从业人员提供符合GB/T 11651—2008要求的个体防护用品和器具，并监督、教育从业人员正确佩戴、使用	5	
		②企业各种防护器具应定点存放在安全、方便的地方，并有专人负责保管、检查，定期校验和维护，每次校验后应记录、挂有标识，并明确下次检验时间	5	
		③企业应将损坏或者过期作废的个体防护用品及时回收和做妥善处置，保留回收记录	5	
		④企业应建立职业卫生防护设施及个体防护用品管理台账，加强对个体防护用品使用情况的检查监督	5	

续上表

评价类目	评价项目		标准分值	得分
九、作业管理（265分）	9. 站务管理	①企业存在危险、有害因素的作业场所和设备设施，应按照GB 2894—2008、GBZ 158—2003等标准规范的要求设置明显的安全警示标志，警示、告知危险种类、后果及应急措施	5	
		②企业设备设施检修、施工等作业现场应设置警戒区域和警示标志	5	
	10. 消防安全管理	①企业主要负责人是本单位的消防安全责任人，对本单位的消防安全工作全面负责	5	
		②企业应落实消防安全责任制，制定本单位的消防安全制度、消防安全操作规程，制定灭火和应急疏散预案	5	
		③企业应制定年度消防工作计划，制定消防安全工作的资金投入和组织保障方案	5	
		④企业应将容易发生火灾、一旦发生火灾可能严重危及人身和财产安全以及对消防安全有重大影响的部位确定为消防安全重点部位，设置明显的防火标志，实行严格管理	5	

续上表

评价类目	评 价 项 目		标准分值	得分
九、作业管理(265分)	11. 火灾预防	①企业应按 GB 50140—2005、GB 50067—2014 等标准规范的要求配备相应等级和危险类别的消防控制和火灾报警系统、消防给水系统、灭火系统等消防设备设施、器材,并设置消防安全标志。企业应按照有关规定对客运站建筑进行相应级别的防火设计	5 ★★★	
		②企业应制定并落实火灾隐患整改责任制	5	
		③企业应制定并执行防火安全检查、巡查制度,按要求开展防火检查和防火巡查	5	
		④企业防火检查、防火巡查中发现的火灾隐患应按要求落实至责任部门、责任人进行整改	5	
		⑤企业应制定消防设施及器材管理制度,消防器材及设施应有专人负责,定期组织检验、维修并保存记录	5	
		⑥企业建筑物、安全出口、疏散通道及消防车通道应畅通,消防通道应有明显的指示标志	10	

续上表

评价类目	评价项目		标准分值	得分
九、作业管理(265分)	12. 消防宣传教育	①企业应通过多种形式开展经常性的消防安全宣传教育。宣传教育和培训内容应包括: a. 有关消防法规、消防安全制度和保障消防安全的操作规程; b. 本单位、本岗位的火灾危险性和防火措施; c. 有关消防设施的性能、灭火器材的使用方法; d. 报火警、扑救初起火灾以及自救逃生的知识和技能	5	
		②企业应组织新上岗和进入新岗位的员工进行上岗前的消防安全培训	5	
		③企业消防安全责任人、消防安全管理人、专兼职消防管理人员、消防控制室的值班、操作人员应接受消防安全专门培训,其中消防控制室值班、操作人员应持证上岗	5	
十、风险管理(60分)	1. 一般要求	企业应依法依规建立健全安全生产风险管理制度,开展本单位管理范围内的风险辨识、评估、管控等工作,落实重大风险登记、重大危险源报备责任,防范和减少安全生产事故	5 AR	
	2. 风险辨识	①企业应制定风险辨识规则,明确风险辨识的范围、方式和程序	5	
		②风险辨识应系统、全面,并进行动态更新	5	
		③风险辨识应涉及所有的工作人员(包括外部人员)、工作过程和工作场所。安全生产风险辨识结束后应形成风险清单	3	

续上表

评价类目	评 价 项 目		标准分值	得分
十、风险管理(60分)	3. 风险评估	①企业应从发生危险的可能性和严重程度等方面对风险因素进行分析,选定合适的风险评估方法,明确风险评估规则	2	
		②企业应依据风险评估规则,对风险清单进行逐项评估,确定风险等级	5	
	4. 风险控制	①企业应根据风险评估结果及经营运行情况等,按以下顺序确定控制措施: a. 消除; b. 替代; c. 工程控制措施; d. 设置标志警告和(或)管理控制措施; e. 个体防护装备等	5	
		②企业应将安全风险评估结果及所采取的控制措施告知相关从业人员,使其熟悉工作岗位和作业环境中存在的安全风险,掌握、落实应采取的控制措施	5	
		③企业应建立风险动态监控机制,按要求对风险进行控制和监测,及时掌握风险的状态和变化趋势,以确保风险得到有效控制	3	
	5. 重大风险管控	①企业对重大风险进行登记建档,设置重大风险监控系统,制定动态监测计划,并单独编制专项应急措施	5 ★★	
		②企业应当在重大风险所在场所设置明显的安全警示标志,对进入重大风险影响区域的人员组织开展安全防范、应急逃生避险和应急处置等相关培训和演练	5	

续上表

评价类目	评价项目		标准分值	得分
十、风险管理（60分）	5. 重大风险管控	③企业应当将本单位重大风险有关信息通过公路水路行业安全生产风险管理信息系统进行登记，构成重大危险源的应向属地负有安全生产监督管理职责的交通运输管理部门备案	2 ★★★	
		④重大风险经评估确定等级降低或解除的，企业应于规定的时间内通过公路水路行业安全生产风险管理系统予以销号	2	
	6. 预测预警	①企业应根据生产经营状况、安全风险管理及隐患排查治理、事故等情况，运用定量或定性的安全生产预测预警技术，建立企业安全生产状况及发展趋势的安全生产预测预警机制	5	
		②当风险因素达到预警条件的，企业应及时发出预警信息，并立即采取针对性措施，防范安全生产事故发生	3	
十一、隐患排查和治理（50分）	1. 隐患排查	①企业应落实隐患排查治理和防控责任制，组织事故隐患排查治理工作，实行从隐患排查、记录、监控、治理、销账到报告的闭环管理	5 ★★★	
		②企业应依据有关法律法规、标准规范等，组织制定各部门、岗位、场所、设备设施的隐患排查治理标准或排查清单，明确隐患排查的时限、范围、内容和要求，并组织开展相应的培训。隐患排查的范围应包括所有与生产经营相关的场所、人员、设备设施和活动，包括承包商和供应商等相关服务范围	5 AR	

续上表

评价类目	评 价 项 目		标准分值	得分
十一、隐患排查和治理（50分）	1. 隐患排查	③生产经营单位应当建立事故隐患日常排查、定期排查和专项排查工作机制。日常排查每周应不少于1次，定期排查每半年应不少于1次，并根据政府及有关管理部门安全工作的专项部署、季节性变化或安全生产条件变化情况进行专项排查	5	
		④企业应填写事故隐患排查记录，依据确定的隐患等级划分标准对发现或排查出的事故隐患进行判定，确定事故隐患等级并进行登记，形成事故隐患清单。企业应将重大事故隐患向属地负有安全生产监督管理职责的交通运输管理部门备案	5 ★★	
	2. 隐患治理	①对于一般事故隐患，企业应按照职责分工立即组织整改，确保及时进行治理	5	
		②对于重大事故隐患，企业主要负责人组织制定专项隐患治理整改方案，并确保整改措施、责任、资金、时限和预案“五到位”。整改方案应包括： a. 整改的目标和任务； b. 整改方案和整改期的安全保障措施； c. 经费和物资保障措施； d. 整改责任部门和人员； e. 整改时限及节点要求； f. 应急处置措施； g. 跟踪督办及验收部门和人员	5 AR	

续上表

评价类目	评 价 项 目		标准分值	得分
十一、隐患排查和治理(50分)	2. 隐患治理	③企业在事故隐患整改过程中,应采取相应的监控防范措施,防止发生次生事故	5	
		④事故隐患整改完成后,企业应按规定进行验证或组织验收,出具整改验收结论,并签字确认。重大事故隐患整改验收通过的,企业应将验收结论向属地负有安全生产监督管理职责的交通运输管理部门报备,并申请销号	5 ★★★	
		⑤企业应对重大事故隐患形成原因及整改工作进行分析评估,及时完善相关制度和措施,依据有关规定和制度对相关责任人进行处理,并开展有针对性的培训教育	5	
		⑥企业应对事故隐患排查治理情况如实记录,建立相关台账,并定期组织对本单位事故隐患治理情况进行统计分析,及时梳理、发现安全生产问题和趋势,形成统计分析报告,改进安全生产工作	5	
十二、职业健康(45分)	1. 健康管理	①企业应落实职业病防治主体责任,按规定设置职业健康管理机构和配备专(兼)职管理人员;落实职业病危害告知、日常监测、定期报告和防护保障等制度措施	5	
		②提供符合职业卫生要求的工作环境和条件;应按规定组织有关从业人员进行职业健康检查,并建立有关从业人员职业健康档案	5	

续上表

评价类目	评价项目		标准分值	得分
十二、职业健康(45分)	1.健康管理	③企业不应安排上岗前未经职业健康检查的从业人员从事接触职业病危害的作业;不应安排有职业禁忌的从业人员从事禁忌作业	5	
		④企业应按规定对存在或者可能产生职业病危害的工作场所、作业岗位、设备、设施设置警示标识和中文警示说明	5 AR	
	2.工伤保险	企业应参加工伤保险,为从业人员缴纳工伤保险费	5	
	3.职业危害告知	①企业与从业人员订立劳动合同时,应将工作过程中可能产生的职业危害及其后果和防护措施等如实告知从业人员,并在劳动合同中写明	5	
		②企业应向从业人员和相关方告知作业场所及工作岗位存在的职业危害因素、防范措施及应急措施	5	
	4.环境与条件	企业应为从业人员提供符合职业健康要求的工作环境和条件,配备与职业健康保护相适应的设施、工具	5	

续上表

评价类目	评价项目		标准分值	得分
十二、职业健康(45分)	5. 职业危害申报	企业应按规定及时、如实向当地主管部门申报运营过程中存在的职业病危害因素，并接受其监督	5	
十三、安全文化(30分)	1. 安全环境	①设立安全文化廊、安全角、黑板报、宣传栏等员工安全文化阵地	5	
		②公开安全生产举报电话号码、通信地址或者电子邮件信箱。对接到的安全生产举报和投诉及时予以调查和处理，并公开处理结果	5 AR	
	2. 安全行为	①企业应建立包括安全价值观、安全愿景、安全使命和安全目标等在内的安全承诺	5 ★	
		②企业应结合企业实际编制员工安全知识手册，并发放到职工	5	
		③企业应组织开展安全生产月活动、安全生产班组竞赛活动，有方案、有总结	5	
		④企业应对安全生产进行检查、评比、考评，总结和交流经验，推广安全生产先进管理方法，对在安全工作中做出显著成绩的集体、个人给予表彰、奖励，并与其经济利益挂钩	5	

续上表

评价类目	评价项目		标准分值	得分
十四、应急管理(85分)	1. 预案制定	①企业应在开展安全风险评估和应急资源调查的基础上,建立生产安全事故应急预案体系,制定符合 GB/T 29639 规定的生产安全事故应急预案,针对安全风险较大的重点场所(设施)制定现场处置方案,并编制重点岗位、人员应急处置卡	10 AR	
		②应急预案应与当地政府、行业管理部门预案保持衔接,报当地有关部门备案,通报有关协作单位	5	
		③企业应组织开展应急预案评审或论证,并定期进行评估和修订	5 ★★	
	2. 预案实施	企业应开展应急预案的宣传教育培训,使有关人员了解应急预案内容,熟悉应急职责、应急程序和应急处置方案,并普及生产安全事故预防、避险、自救和互救知识	5	
	3. 应急队伍	①企业应按照有关规定建立应急管理组织机构或指定专人负责应急管理工作,建立与本企业安全生产特点相适应的专(兼)职应急救援队伍	5	
		②企业应组织应急救援人员日常训练	5	

续上表

评价类目	评价项目		标准分值	得分
十四、应急管理(85分)	4. 应急物资	①企业应根据可能发生的事故种类特点,按照有关规定设置应急设施,配备应急装备,储备应急物资	5 AR	
		②企业应建立管理台账,安排专人管理,并定期检查、维护,确保其完好、可靠	5	
	5. 应急演练	①企业应按照《生产安全事故应急演练指南》(AQ/T 9007—2011)的规定定期组织公司(厂)、车间(工段、区、队、船、项目部)、班组开展生产安全事故应急演练,做到一线从业人员参与应急演练全覆盖	10 ★★★	
		②企业应按照《生产安全事故应急演练评估规范》(AQ/T 9009—2015)的规定对演练进行总结和评估,根据评估结论和演练发现的问题,修订、完善应急预案,改进应急准备工作	5	
	6. 应急处置	发生事故后,企业应根据预案要求,立即启动应急响应程序,按照有关规定报告事故情况,并开展先期处置	5	
	7. 应急评估	①企业应对应急准备、应急处置工作进行评估	5 ★	
		②运输、储存危险物品或处置废弃危险物品的企业,应每年进行一次应急准备评估	3	

续上表

评价类目	评价项目		标准分值	得分
十四、应急管理(85分)	7. 应急评估	③完成险情或事故应急处置后,企业应主动配合有关组织开展应急处置评估	2	
	8. 人员疏散	①企业应制定疏散逃生预案并定期组织疏散逃生演练	5	
		②企业从业人员应熟练掌握疏散逃生知识,会使用疏散逃生器材,熟知疏散逃生路线	5	
十五、事故报告调查处理(40分)	1. 事故报告	①企业应建立事故报告程序,明确事故内外部报告的责任人、时限、内容等,并教育、指导从业人员严格按照有关规定的程序报告发生的生产安全事故	5	
		②发生事故,企业应及时进行事故现场处置,按相关规定及时、如实向有关部门报告,没有瞒报、谎报、迟报情况。并应跟踪事故发展情况,及时续报事故信息	5 ★★★	
		③企业应跟踪事故发展情况,及时续报事故信息	2	
	2. 事故处置	企业接到事故报告后,迅速采取有效措施,组织抢救,防止事故扩大,减少人员伤亡和财产损失	5	

续上表

评价类目	评 价 项 目		标准分值	得分
十五、事故报告调查处理(40分)	3. 事故调查处理	①企业应建立内部事故调查和处理制度,按照有关规定、行业标准和国际通行做法,将造成人员伤亡(轻伤、重伤、死亡等人身伤害和急性中毒)和财产损失的事故纳入事故调查和处理范畴	5	
		②企业应积极配合各级人民政府组织的事故调查,随时接受事故调查组的询问,如实提供有关情况	5	
		③企业应按时提交事故调查报告,分析事故原因,落实整改措施	3	
		④发生事故后,企业应及时组织事故分析,并在企业内部进行通报。并应按时提交事故调查报告,分析事故原因,落实整改措施	2	
		⑤企业应按“四不放过”原则严肃查处事故,严格追究责任领导和相关责任人。处理结果报上级主管部门备案	5 ★	
	4. 事故档案管理	企业应建立事故档案和管理台账,将承包商、供应商等相关方在企业内部发生的事故纳入本企业事故管理	3	

续上表

评价类目	评价项目		标准分值	得分
十六、绩效评定与持续改进(20分)	1.绩效评定	①企业应每年至少1次对本单位安全生产标准化的运行情况进行自评,验证各项安全生产制度措施的适宜性、充分性和有效性	5	
		②企业主要负责人应全面负责自评工作。自评应形成正式文件,并将结果向所有部门、所属单位和从业人员通报,作为年度考评的重要依据	5	
	2.持续改进	企业应根据安全生产标准化管理体系的自评结果和安全生产预测预警系统所反映的趋势,以及绩效评定情况,客观分析企业安全生产标准化管理体系的运行质量,及时调整完善安全生产目标、指标、规章制度、操作规程等相关管理文件和过程管控,持续改进,不断提高安全生产绩效	10	

评分说明:

1.“★”为一级必备条件;“★★”为一、二级必备条件;“★★★”为一、二、三级必备条件,即所有一级企业必须满足一、二、三星要求,二级企业须满足二、三星要求,三级企业须满足三星要求。

2.除满足上述星项要求外,带有标注“AR”(Additional requirements 的意思)的项目执行限制扣分要求,申请一级的企业该项目扣分分值不得超过该项分值的10%,申请二级的企业该项目扣分分值不得超过该项分值的25%,申请三级的企业该项目扣分分值不得超过该项分值的40%,所有“★”项,二、三级企业按照“AR”项要求执行,所有“★★”项,三级企业按照“AR”项要求执行,所有评分项目中存在一项超过上述扣分要求的为达标建设不合格。

3.所有指标中要求的内容,如评审企业不涉及此项工作或当地主管机关未要求开展的,视为不涉及项处理,所得总分按照千分制比例进行换算。如:某企业不涉及项分数为100分,对照千分表去除不涉及项得分为720分,则最终评价得分为720/900×1000=800分。

4.所有涉及抽查、询问人员的指标,如细则中无具体说明,抽查数量为总数的10%,最低抽查数量为5,最高抽查数量为15,抽查的人员及车辆应具有代表性,每种类别车辆或人员必须要有抽样。

附件1 《交通运输企业安全生产标准化建设基本规范 第7部分:汽车客运站》(JT/T 1180.7—2018)

交通运输企业安全生产标准化建设基本规范 第7部分:汽车客运站

1 范围

JT/T 1180 的本部分规定了汽车客运站安全生产标准化建设的基本要求、通用要求,以及安全目标、资质、法律法规与安全生产管理制度、安全投入、装备设施、科技创新与信息化、教育培训、作业管理、消防管理、职业健康、企业安全文化、应急管理和事故报告及处置等专业要求。

本部分适用于汽车客运站开展安全生产标准化建设工作,以及对安全生产标准化建设的技术服务和评价工作。

2 规范性引用文件

下列文件对于本文件的应用是必不可少的。凡是注日期的引用文件,仅注日期的版本适用于本文件。凡是不注日期的引用文件,其最新版本(包括所有的修改单)适用于本文件。

GB 2894	安全标志及其使用导则
GB/T 11651	个体防护装备选用规范
GB 27695	汽车举升机安全规程
GB/T 33000	企业安全生产标准化基本规范
GB 50067	汽车库、修车库、停车场设计防火规范
GB 50140	建筑灭火器配置设计规范
AQ/T 9004	企业安全文化建设导则
GBZ 158	工作场所职业病危害警示标识
JT/T 200	汽车客运站级别划分和建设要求
JT/T 1180.1	交通运输企业安全生产标准化建设基本规范　第1部分:总体要求

3　术语和定义

GB/T 33000 界定的以及下列术语和定义适用于本文件。

3.1

危险、有害因素　hazardous elements

可能导致伤害、疾病、财产损失、环境破坏的根源或状态。

[AQ 3013—2008,定义 3.11]

3.2

风险　risk

发生特定危险事件的可能性与后果的结合。

[AQ 3013—2008,定义 3.13]

3.3

危险作业　dangerous operation

作业过程中会给人身、设备设施、环境带来危险、危害,需要采取一定的防护措施方可进行的作业。

3.4

隐患　potential accidents

作业场所、设备或设施的不安全状态,人的不安全行为,环境的不利因素和管理上的缺陷。

注:改写 AQ 3013—2008,定义 3.17。

3.5

安全绩效　safety performance

根据安全生产目标,在安全生产工作方面取得的可测量结果。

[AQ/T 9006—2010,定义3.2]

3.6

相关方 interested party

与企业的安全绩效相关联或受其影响的非企业所属的团体或个人。

注:改写AQ 3013—2008,定义3.6。

3.7

变更 change

装卸/储存货种、设计、人员、管理等永久性或暂时性的变化。

注:改写AQ 3013—2008,定义3.16。

4 基本要求

汽车客运站企业(简称"企业")安全生产标准化建设的基本要求按JT/T 1180.1的有关规定执行。

5 通用要求

企业安全生产标准化建设的通用要求按JT/T 1180.1的有关规定执行。

6 专业要求

6.1 安全目标

企业应根据安全目标制定量化的安全生产工作指标,量化指标包括:火灾爆炸、人身伤害、财产损失、设备设施完好率等内容。

6.2 资质、法律法规与安全生产管理制度

6.2.1 资质

企业道路运输经营许可证、营业执照等证照合法有效,经营范围符合要求。

6.2.2 安全管理制度

6.2.2.1 企业应建立健全符合法律法规、标准规定并符合企业实际的安全生产管理制度。制度至少应包括:

——安全生产责任制;

——安全目标管理制度;

——自评管理制度;

——安全生产承诺制度；
——安全生产工作会议制度；
——安全生产奖惩制度；
——安全生产费用管理制度；
——安全检查管理制度；
——安全生产隐患排查治理制度；
——安全教育、培训制度；
——特种(设备)作业管理制度；
——事故报告、调查、处理制度；
——重大危险源管理制度；
——用电安全管理制度；
——设备设施管理制度；
——危险品查堵制度；
——安全例行检查制度；
——出站检查制度；
——安全生产举报制度；
——消防安全例会制度；
——消防设施管理制度；
——消防宣传和教育培训制度；
——防火巡查和防火检查制度；
——消防档案管理制度；
——相关方安全管理制度；
——劳动防护用品管理制度；
——职业卫生管理制度；
——职业健康监护管理制度；
——应急管理制度；
——文件和档案管理制度。

6.2.2.2　企业应将相关的规章制度及时传达给相关方。

6.2.3　岗位安全生产操作规程

6.2.3.1　企业应制定并及时修订各岗位的安全生产操作规程,并应满足国家和行业相关标准规范的要求。岗位员工应参与岗位安全操作规程的编制和修订工作。

6.2.3.2　企业操作规程中应明确：

——操作前的检查及准备工作的程序和方法；
——操作中严禁的行为；
——必须执行的操作步骤和操作方法；
——操作注意事项；
——正确使用劳动防护用品的要求；
——出现异常情况时的应急措施。

6.2.4　制度执行

企业应定期对安全生产管理制度和操作规程进行有效性、适用性、符合性评审和修订,并及时组织相关人员培训学习。

6.3 安全投入

企业应按规定的安全生产费用使用范围,合理使用安全生产费用,完善和改进安全生产条件。

6.4 装备设施

6.4.1 企业应具备与JT/T 200相适应的场地和设施设备。

6.4.2 企业应按国家有关规定设置旅客疏散紧急通道,并规范标识。

6.4.3 企业应配备与经营规模、范围及经营管理形式相适应的安全和消防设施、设备及器材,遇突发状况应能够及时有效应对。

6.4.4 企业应设置专门的车辆安全检查场地,配备必要的设备、设施、仪器等。

6.4.5 企业应按规定配置行包安全检查设备,并保持设备运行正常。

6.4.6 企业应设有覆盖安全重点部位视频监控设备,并保持实时监控。

6.4.7 企业应在客运站必要位置安装防撞桩。

6.4.8 企业应在售票厅、候车室、停车场等处设置宣传告示设备、安全警示标志、指示牌、示意图;悬挂安全警示图文,张贴旅客须知、禁运限运物品宣传图、安全宣传画、宣传标语。

6.4.9 企业各种设施、设备应维护保养良好。

6.5 科技创新与信息化

6.5.1 科技创新及应用

6.5.1.1 企业应使用先进的、安全性能可靠的新技术、新工艺、新设备和新材料,优先选购安全、高效、节能的设备,不应使用明令淘汰的设备及工艺。

6.5.1.2 企业应设有安全生产管理系统或平台。

6.5.1.3 企业应利用现代科技手段,开展安全生产科技攻关。

6.5.2 信息化

6.5.2.1 企业应根据实际情况开展科技信息化系统的建设。

6.5.2.2 企业应建立健全安全监管信息化软硬件设备安全管理制度。

6.6 教育培训

6.6.1 资格培训

6.6.1.1 企业主要负责人和安全生产管理人员应具备与

所从事的生产经营活动相适应的安全生产知识和安全生产管理能力，应由负有安全生产监督管理职责的部门对其安全生产知识和管理能力进行考核并达到合格，且每年应接受不少于国家或地方政府规定学时的再教育培训。

6.6.1.2　企业其他需要取得资格证书的作业人员，应通过相应培训、考核，持证上岗。

6.6.2　日常安全教育培训

6.6.2.1　企业应对从业人员进行安全教育和培训，从业人员应具备必要的安全生产知识，熟悉有关安全生产规章制度和安全操作规程，掌握本岗位的安全操作技能。未经安全生产教育和培训合格的从业人员，不应上岗作业。

6.6.2.2　企业应对相关方进行安全教育，安全教育记录应及时归档。

6.6.2.3　企业应告知外来参观、学习等人员有关安全规定及安全注意事项。

6.7　作业管理

6.7.1　作业现场

企业应严格执行操作规程和安全作业规定。

6.7.2　安全值班

企业应制定并落实值班计划和值班制度，重要时期实行领导到岗带班，有值班记录。

6.7.3　相关方管理

6.7.3.1　两个以上生产经营单位在同一作业区域内进行生产经营活动，可能危及对方生产安全的，相关方应签订安全生产管理协议，明确各自的安全生产管理职责和应采取的安全措施，并指定专职安全生产管理人员进行安全检查与协调。

6.7.3.2　企业应与外来施工（作业）方签订安全协议，明确双方各自的安全责任。

6.7.3.3　企业应对进入作业现场的短期合同工、临时用工、实习人员、外来参观人员、客户及其车辆等制定相应的安全管理制度和措施。

6.7.3.4　企业应制定并落实“三品”（易燃、易爆、危禁品）查堵制度、防止“三品”进站上车的有效措施。

6.7.3.5　企业应制定“三品”检查工作程序，设立专门的“三品”查堵岗位，配有“三品”检查员。对进站旅客携带的行李物品和托运行包进行安全检查，对查获的“三品”要进行登记并按有关规定妥善处理，应做到“三品”不进站。

6.7.4 车辆例检

6.7.4.1 企业例检场所应满足车辆例检的作业要求,例检场地地面应坚实、平整,并具备防风、防淋、防晒及良好的采光、照明和通风等条件。例检场所应配置对讲设备。例检场所应设有供检查客车使用的地沟或举升装置。举升装置应满足 GB 27695 等标准规范的相关要求。

6.7.4.2 企业应设置明显的车辆通行指示标志。应在例检场所醒目位置公布安全例检流程图示。

6.7.4.3 企业应按规定配备专门的安全例检人员。安全例检人员应熟悉客车结构、检验方法和相关技术标准,应参加客车安全例行检查岗前专项培训并经考核合格,持有机动车维修质量检验员(安全例检)从业资格证。

6.7.4.4 企业应按规范填写车辆安全例检记录,建立健全例检台账。

6.7.4.5 企业对检查符合要求的营运车辆,安全例检人员签发安全例行合格通知单;例检不合格的营运车辆,安全例检人员开具不合格项目告知单,并按规定维修和复检。

6.7.5 车辆出站前检查

6.7.5.1 企业应制定并落实车辆出站检查制度。存在以下情况的客车不应发车出站:

——超载;

——安全例检不合格;

——驾驶员资格不符合要求;

——客车证件不齐全;

——出站登记表未经审核签字;

——乘客和驾驶员不系安全带,或未经受检客车驾驶员签字确定。

6.7.5.2 企业车辆出站前应进行检查,主要内容包括:安全例检合格通知单、驾驶证、从业资格证、行驶证、道路运输证、线路标志牌、核载人数及实载人数等。

6.7.5.3 企业车辆出站门检应核查实际载客人数,并签字确认。

6.7.6 停车场管理

6.7.6.1 企业应对客运站实行封闭式管理。停车场内区间划分明确,有导航及警示图标。实行车辆进出分道、人车分道,发车区、停车区、上下客区分区管理。应做到危险品不进站、无关人员不进站(发车区)、无关车辆不进站。

6.7.6.2 企业停车场内应有专人指挥,调度车辆进站发车,疏导旅客,停车整齐规范,人流、车流有序,安全通道畅通。

6.7.7 站务管理

6.7.7.1 企业应与道路旅客运输经营者签订安全责任协议,依法明确双方的安全责任。

6.7.7.2 企业应严格按客车核定人数售票、检票。

6.7.7.3 企业应制定并落实车辆报班制度。

6.7.7.4 营运客车安全例检不合格的车辆,调度部门不应调度客车发班。

6.7.7.5 因天气、路况等原因影响行车安全时,企业视情况发车或要求停班。

6.7.7.6 企业应对行经三级以下公路的客运班线,合理安排发班时间,避免夜间通行。

6.7.7.7 企业客运班次安排应科学合理,往返班次有足够的途中作业时间和休息时间。

6.7.7.8 企业班车每日运行里程超过400km(高速公路直达客运超过600km)的,按规定要求车辆配备两名以上驾驶员。

6.7.7.9 企业应落实安检及安全通道的安全检查等内容。

6.7.8 个体防护

6.7.8.1 企业应根据接触危害的种类、强度,为从业人员提供符合 GB/T 11651 要求的个体防护用品和器具,并监督、教育从业人员正确佩戴、使用。

6.7.8.2 企业各种防护器具应定点存放在安全、方便的地方,并有专人负责保管、检查,定期校验和维护,每次校验后应记录、挂有标识,并明确下次检验时间。

6.7.8.3 企业应将损坏或者过期作废的个体防护用品及时回收和做妥善处置,保留回收记录。

6.7.8.4 企业应建立职业卫生防护设施及个体防护用品管理台账,加强对个体防护用品使用情况的检查监督。

6.7.9 警示标志

6.7.9.1 企业存在危险、有害因素的作业场所和设备设施,应按照 GB 2894、GBZ 158 等标准规范的要求设置明显的安全警示标志,警示、告知危险种类、后果及应急措施。

6.7.9.2 企业设备设施检修、施工等作业现场应设置警戒区域和警示标志。

6.8 消防管理

6.8.1 消防安全管理

6.8.1.1 企业主要负责人是本单位的消防安全责任人,对本单位的消防安全工作全面负责。

6.8.1.2 企业应落实消防安全责任制,制定本单位的消防安全制度、消防安全操作规程,制定灭火和应急疏散预案。

6.8.1.3 企业应制定年度消防工作计划,制定消防安全工作的资金投入和组织保障方案。

6.8.1.4 企业应将容易发生火灾、一旦发生火灾可能严重危及人身和财产安全以及对消防安全有重大影响的部位确定为消防安全重点部位,设置明显的防火标志,实行严格管理。

6.8.2 火灾预防

6.8.2.1 企业应按 GB 50140、GB 50067 等标准规范的要求配备相应等级和危险类别的消防控制和火灾报警系统、消防给水系统、灭火系统等消防设备设施、器材,并设置消防安全标志。企业应按照有关规定对客运站建筑进行相应级别的防火设计。

6.8.2.2 企业应制定并落实火灾隐患整改责任制。

6.8.2.3 企业应制定并执行防火安全检查、巡查制度,按要求开展防火检查和防火巡查。

6.8.2.4 企业防火检查、防火巡查中发现的火灾隐患应按要求落实至责任部门、责任人进行整改。

6.8.2.5 企业应制定消防设施及器材管理制度,消防器材及设施应有专人负责,定期组织检验、维修并保存记录。

6.8.2.6 企业建筑物、安全出口、疏散通道及消防车通道应畅通,消防通道应有明显的指示标志。

6.8.3 消防宣传教育

6.8.3.1 企业应通过多种形式开展经常性的消防安全宣传教育。宣传教育和培训内容应包括:

——有关消防法规、消防安全制度和保障消防安全的操作规程;

——本单位、本岗位的火灾危险性和防火措施;

——有关消防设施的性能、灭火器材的使用方法;

——报火警、扑救初起火灾以及自救逃生的知识和技能。

6.8.3.2 企业应组织新上岗和进入新岗位的员工进行上岗前的消防安全培训。

6.8.3.3 企业消防安全责任人、消防安全管理人、专兼职消防管理人员、消防控制室的值班、操作人员应接受消防安全专门培训,其中消防控制室值班、操作人员应持证上岗。

6.9 职业健康

6.9.1 职业健康管理

企业不应安排上岗前未经职业健康检查的从业人员从

事接触职业病危害的作业;不应安排有职业禁忌的从业人员从事禁忌作业。

6.9.2　工伤保险

企业应参加工伤保险,为从业人员缴纳工伤保险费。

6.9.3　职业危害告知

6.9.3.1　企业与从业人员订立劳动合同时,应将工作过程中可能产生的职业危害及其后果和防护措施等如实告知从业人员,并在劳动合同中写明。

6.9.3.2　企业应向从业人员和相关方告知作业场所及工作岗位存在的职业危害因素、防范措施及应急措施。

6.9.4　环境与条件

企业应为从业人员提供符合职业健康要求的工作环境和条件,配备与职业健康保护相适应的设施、工具。

6.10　企业安全文化

6.10.1　安全环境

企业应设立安全文化传播平台,每月至少更换一次内容。

6.10.2　安全行为

企业应根据 AQ/T 9004 的相关要求,开展安全承诺活动。

6.11　应急管理

6.11.1　应急预案制定

6.11.1.1　企业应按规定对本单位编制的应急预案组织评审或论证,应急预案评审或论证合格后,由企业主要负责人签署公布。

6.11.1.2　企业应急预案应至少每三年修订一次,预案评审修订情况应有记录,并将预案修订情况报相关部门备案。

6.11.2　预案实施

6.11.2.1　企业应开展应急预案的宣传教育培训,使有关人员了解应急预案内容,熟悉应急职责、应急程序和应急处置方案,并普及生产安全事故预防、避险、自救和互救知识。

6.11.2.2　发生事故后,企业应及时启动应急预案,组织有关力量进行救援,并按照规定将事故信息及应急预案启动情况报告有关部门。

6.11.3 应急装备

企业应建立应急装备使用状况档案,定期进行检测和维护。

6.11.4 人员疏散

6.11.4.1 企业应制定疏散逃生预案并定期组织疏散逃生演练。

6.11.4.2 企业从业人员应熟练掌握疏散逃生知识,会使用疏散逃生器材,熟知疏散逃生路线。

6.12 事故报告及处置

6.12.1 事故报告

发生事故企业应及时进行事故现场处置,按相关规定及时、准确、如实向有关部门报告,不应瞒报、谎报、迟报。

6.12.2 事故处置

企业接到事故报告后,迅速采取有效措施,组织抢救,防止事故扩大,减少人员伤亡和财产损失。

参 考 文 献

[1] AQ 3013—2008 危险化学品从业单位安全标准化通用规范

[2] AQ/T 9006—2010 企业安全生产标准化基本规范

[3] JT/T 200—2004 汽车客运站级别划分和建设要求

附件2　交通运输部关于印发《交通运输企业安全生产标准化建设评价管理办法》的通知

交安监发〔2016〕133号

各省、自治区(直辖市)、长江航务管理局:

为深入贯彻落实《中华人民共和国安全生产法》,大力推进企业安全生产标准化建设,现将《交通运输企业安全生产标准化建设评价管理办法》印发给你们,请遵照执行。

交通运输部

2016年7月26日

交通运输企业安全生产标准化建设评价管理办法

第一章　总　则

第一条　为推进交通运输企业安全生产标准化建设,规范评价工作,促进企业落实安全生产主体责任,依据《中华人民共和国安全生产法》,制定本办法。

第二条　本办法适用于中华人民共和国境内交通运输企业安全生产标准化建设评价及其监督管理工作。

第三条　交通运输部负责全国交通运输企业安全生产标准化建设工作的指导,具体负责一级评价机构的监督管理。

省级交通运输主管部门负责本管辖范围内交通运输企业安全生产标准化建设工作的指导,具体负责二、三级评价机构的监督管理。

长江航务管理局、珠江航务管理局分别负责行政许可权限范围内的长江干线、西江干线省际航运企业安全生产标准化建设工作的指导,具体负责二、三级评价机构的监督管理(以上部门和单位统称为主管机关)。

第四条　交通运输企业安全生产标准化建设按领域分为道路运输、水路运输、港口营运、城市客运、交通运输工程建设、收费公路运营六个专业类型和其他类型(未列入前六种类型,但由交通运输管理部门审批或许可经营)。

道路运输专业类型含道路旅客运输、道路危险货物运输、道路普通货物运输、道路货物运输站场、汽车租赁、机动车维修和汽车客运站等类别;水路运输专业类型含水路旅客运输、水路普通货物运输、水路危险货物运输等类别;港口营运专业类型含港口客运、港口普通货物营运、港口危险货物营运等类别;城市客运专业类型含城市公共汽车客运、城市轨道交通运输和出租汽车营运等类别;交通运输工程建设专业类型含交通运输建筑施工企业和交通工程建设项目等类别;收费公路运营专业类型含高速公路运营、隧道运营和桥梁运营等类别。

第五条　交通运输企业安全生产标准化建设等级分为一级、二级、三级,其中一级为最高等级,三级为最低等级。水路危险货物运输、水路旅客运输、港口危险货物营运、城市轨道交通、高速公路、隧道和桥梁运营企业安全生产标准化建设等级不设三级,二级为最低等级。

交通运输企业安全生产标准化建设标准和评价指南,由交通运输部另行发布。

第六条　交通运输企业安全生产标准化建设评价工作应坚持“政策引导、依法推进、政府监管、社会监督”的原则。

第七条　交通运输企业安全生产标准化建设评价及相关工作应统一通过交通运输企业安全生产标准化管理系统(简称管理系统)开展。

第八条　交通运输部通过购买服务委托管理维护单位,具体承担管理系统的管理、维护与数据分析、评审员能力测试题库维护、评价机构备案和档案管理等日常工作。各省级主管机关可根据需要通过购买服务委托省级管理维护单位承担相关日常工作。

第九条　管理维护单位应具备以下条件:

(一)具有独立法人资格,从事交通运输业务的事业单位或经批准注册的交通运输行业社团组织;

(二)具有相适应的固定办公场所、设施和必要的技术条件；

（三）配有满足工作所需的管理和技术人员；

（四）3 年内无重大违法记录，信用状况良好；

（五）具有完善的内部管理制度；

（六）法律、法规规定的其他条件。

第十条 主管部门应与委托的管理维护单位签订合同或协议，明确委托工作任务、要求及相关责任。

第十一条 管理维护单位因自身条件变化不满足第九条要求或不能履行合同承诺的，主管机关应解除合同并及时向社会公告。

第二章 评 审 员

第十二条 评审员是具有企业安全生产标准化建设评价能力，进入评审员名录的人员。

第十三条 凡遵守法律法规，恪守职业道德，符合下列条件，通过管理系统登记报备，经公示 5 个工作日，公示结果不影响登记备案的，自动录入评审员名录。

（一）具有全日制理工科大学本科及以上学历；

（二）具备中级及以上专业技术职称，或取得初级技术职称 5 年以上；

（三）具有 5 年及以上申报专业类型安全相关工作经历；

（四）身体健康，年龄不超过 70 周岁；

（五）同时登记备案不超过 3 个专业类型；

（六）通过管理系统相关专业类型专业知识、技能和评价规则的在线测试；

（七）申请人 5 年内未被列入政府、行业黑名单或 1 年内未被列入政府、行业公布的不良信息名录；

（八）评审员承诺备案信息真实，考评活动中严格遵守国家有关法律法规，不弄虚作假、提供虚假证明，一旦违反，自愿退出交通运输企业安全生产标准化建设评价相关活动。

第十四条 评审员按专业类型自愿申请登记在一家评价机构后，方可从事交通运输企业安全生产标准化建设评价工作，登记完成后 12 个月内不可撤回。

第十五条 评审员应按年度开展继续教育学习，自登记备案进入评审员名录后，每 12 个月周期内均应通过管理系统进行继续教育在线测试。通过测试的，可继续从事企业安全生产标准化建设评价工作；未通过测试的，暂停参加评价活动，直至通过继续教育测试。继续教育测试不收取任何费用。

第十六条 部级管理维护单位应按年度发布评审员继续教育测试大纲，评审员年度继续教育测试大纲应包含以下内容：

（一）相关专业的安全生产法律、法规、标准规范；

（二）交通运输企业安全生产标准化建设有关新政策；

（三）应更新的安全生产专业知识。

第十七条 评审员个人信息变动应于5个工作日内通过管理系统报备。

第十八条 评审员向受聘的评价机构申请不再从事企业安全生产标准化建设评价工作，或年龄超过70岁的，部管理维护单位应在5个工作日内注销其备案信息。

第三章 评价机构

第十九条 评价机构是指满足评价机构备案条件，完成管理系统登记报备，从事交通运输企业安全生产标准化建设评价的第三方服务机构。

第二十条 评价机构分为一、二、三级。一级评价机构向交通运输部备案，二、三级评价机构向省级主管机关备案。

一级评价机构可承担申请一、二、三级的企业安全生产标准化评价工作，二级评价机构可承担备案地区申请二、三级的企业安全生产标准化评价工作，三级评价机构可承担备案地区申请三级的企业安全生产标准化评价工作。

第二十一条 凡符合以下条件，通过管理系统登记备案，经公示5个工作日，公示结果不影响登记备案的，自动录入评价机构名录。

（一）从事交通运输业务的独立法人单位或社团组织；

（二）具有一定的交通运输企业安全生产标准化建设评价或交通运输安全生产技术服务工作经历；

（三）具有相适应的固定办公场所、设施；

（四）具有一定数量专职管理人员和相应专业类型的自有评审员；

（五）初次申请一级评价机构备案，应已完成本专业类型二级评价机构备案1年以上，并具有相关评价经历；

（六）建立了完善的管理制度体系；

（七）单位或法定代表人3年内未被列入政府、行业黑名单或1年内未被列入政府、行业公布的不良信息名录；

（八）评价机构同一等级登记备案不超过3个专业类型；

（九）评价机构承诺备案信息真实，严格遵守国家有关法律法规，不弄虚作假、提供虚假证明，一旦违反，自愿退出交通运输企业安全生产标准化建设评价相关活动；

（十）满足其他法律法规要求。

以上第一至五款评价机构具体备案条件见附录A。

第二十二条 评价机构进入评价机构名录后，备案信息有效期5年,并向社会公布。备案信息公布内容应包含评价机构的名称、法定代表人、专业类型、等级、地址和印模、备案号和有效期等。

第二十三条 评价机构可在登记备案期届满前1个月通过管理系统进行延期备案,延期备案符合下列条件,经公示5个工作日后,结果不影响延期备案的,自动延长备案期5年。

(一)单位经营资质合法有效;

(二)未被主管机关列入公布的不良信息名录;

(三)满足该等级评价机构登记备案条件。

第二十四条 评价机构名称、地址或法定代表人变更,或从事专职管理和评价工作的人员变动累计超过25%的,应通过管理系统进行信息变更备案。

第二十五条 评价机构应不断完善内部管理制度,严格规范评价过程管理,并对评价和年度核查结论负责。

第二十六条 评价机构应按年度总结评价工作,于次年1月底前通过管理系统报管理维护单位,管理维护单位汇总分析后,形成年度报告报主管机关。

第二十七条 评价机构在妥善处置其负责评价和年度核查相关业务后,可向登记备案的管理维护单位申请注销其评价机构备案信息,管理维护单位核实相关业务处置妥善后应在5个工作日内完成备案注销工作,并通过管理系统向社会公布。评价机构申请注销的,2年内不得重新备案,所聘评审员自动恢复未登记评价机构状态。

第四章　评价与等级证明颁发

第二十八条 评价机构负责交通运输企业安全生产标准化建设评价活动的组织实施和评价等级证明的颁发。

第二十九条 交通运输企业安全生产标准化建设评价包括初次评价、换证评价和年度核查三种形式。

第三十条 交通运输企业安全生产标准化建设等级证明应按照交通运输部规定的统一样式制发,有效期3年。

第三十一条 已经通过低等级交通运输企业安全生产标准化建设评价的企业申请高等级交通运输企业安全生产标准化建设评价的,评价及颁发等级证明应按照初次评价的有关规定执行。

第三十二条 交通运输企业应根据经营范围分别申请相应专业类别建设评价,属同一专业类型不同专业类别的,可合并评价。

第三十三条 交通运输企业申请安全生产标准化建设评价应遵循以下规定:

(一)依照法律法规要求自主申请;

(二)自主选择相应等级的评价机构;

（三）评价过程中，向评价机构和评审员提供所需工作条件，如实提供相关资料，保障有效实施评价；

（四）有权向主管机关、管理维护单位举报、投诉评价机构或评审员的不正当行为。

第三十四条 交通运输企业在取得安全生产标准化等级证明后，应根据评价意见和标准要求不断完善其安全生产标准化管理体系，规范安全生产管理和行为，形成可持续改进的长效机制，并接受主管机关、评价机构的监督。

第一节 初次评价

第三十五条 申请初次评价应具备以下条件：

（一）具有独立法人资格，从事交通运输生产经营建设的企业或独立运营的实体；

（二）具有与其生产经营活动相适应的经营资质、安全生产管理机构和人员，并建立相应的安全生产管理制度；

（三）近1年内没有发生较大以上安全生产责任事故；

（四）已开展企业安全生产标准化建设自评，结论符合申请等级要求。

第三十六条 交通运输企业应通过管理系统向所选择的评价机构提出企业安全生产标准化建设评价申请，申报初次评价应提交以下资料：

（一）标准化建设评价申请表（样式由管理系统提供）；

（二）法律法规规定的企业法人营业执照、经营许可证、安全生产许可证等；

（三）企业安全生产标准化建设自评报告。自评报告应包含：企业简介和安全生产组织架构；企业安全生产基本情况（含近3年应急演练、一般以上安全事故和重大安全事故隐患及整改情况）；从业人员资格、企业安全生产标准化建设过程；自评综述、自评记录、自评问题清单和整改确认；自评评分表和结论等。

第三十七条 评价机构接到交通运输企业评价申请后，应在5个工作日内完成申请材料完整性和符合性核查。核查不通过的，应及时告知企业，并说明原因。评价机构对申请材料核查后，认为自身能力不足或申请企业存在较大安全生产风险时，可拒绝受理申请，并向其说明，记录在案。

第三十八条 企业申请资料核查通过后，评价机构应成立评价组，任命评价组长，制定评价方案，提前5个工作日告知当地主管机关后，满足下列条件，可启动现场评价。

（一）评价组评审员不少于3人，其中自有评审员不少于1人；

（二）评价组长原则上应为自有评审员，且具有2年和8家以上同等级别企业安全生产标准化建设评价经历，3年内没有不良信用记录，并经评价机构培训，具有较强的现场沟通协调和组织能力；

（三）评价组应熟悉企业评价现场安全应急要求和当地相关法律法规和标准规范要求。

第三十九条 评价机构应在接受企业评价申请后30个工作日内完成对企业的现场评价工作，并提交评价报告。

第四十条 现场评价工作完成后，评价组应向企业反馈发现的安全事故隐患和问题、整改建议及现场评价结论，形成现场评价问题清单，问题清单应经企业和评价组签字确认。现场发现的重大安全事故隐患和问题应向负有直接安全生产监督管理职责的交通运输管理部门和相应的主管机关报告。

第四十一条 企业对评价发现的安全事故隐患和问题，在现场评价结束30日内按要求整改到位的，经申请，由评价机构确认整改合格，所完成的整改内容可视为达到相关要求；对于不影响评价结论的安全事故隐患和问题，企业应按评价机构有关建议积极组织整改，并在年度报告中予以说明。

第四十二条 评价案卷应包含下列内容：

（一）申请资料核查记录及结论；

（二）现场评价通知书（应包含评价时间、评价组成员等）；

（三）评价方案；

（四）企业安全生产重大问题整改报告及验证记录；

（五）评价报告，包括现场评价记录、现场收集的证据材料、问题清单及整改建议、评价结论及评价等级意见；

（六）其他必要的评价证据材料。

第四十三条 评价机构应对评价案卷进行审核，形成评价报告（附评价综述、评价结论和现场发现问题清单）及其他必要的评价资料通过管理系统向管理维护单位报备。评价机构评价结论认为符合颁发评价等级证明的，应报管理维护单位向社会公示5个工作日；公示结果不影响评价结论的，评价机构应向企业颁发交通运输企业安全生产标准化评价等级证明。

第四十四条 企业对评价结论存有异议的，可向评价机构提出复核申请，评价机构应针对复核申请事项组织非原评审员进行逐项复核，复核工作应在接受企业复核申请之日起20个工作日完成，并反馈复核意见。企业对评价机构复核结论仍存异议的，可选择其他评价机构申请评价。涉及评价机构评价工作不公正和违规行为的，企业可向相应管理维护单位或主管机关投诉、举报。

第四十五条 交通运输企业安全生产标准化建设等级证明格式由交通运输部统一规定（附录B），证明应注明类型、类别、等级、适用范围和有效期等。

第四十六条 管理维护单位应在收到评价机构报备的评价等级证明、评价报告等资料5个工作日内，向社会公布获得交通运输企业安全生产标准化建设等级证明的企业和评价机构有关信息,接受社会监督。

第二节 换证评价

第四十七条 已经取得安全生产标准化评价等级证明的企业在证明有效期满之前可向评价机构申请换证评价,换证完成后,原证明自动失效。

第四十八条 企业申请换证评价时,应提交以下材料:

(一)企业法人营业执照、经营许可证等;

(二)原交通运输企业安全生产标准化建设等级证明;

(三)企业换证自评报告和企业基本情况、安全生产组织架构;

(四)企业安全生产标准化运行情况,以及近3年安全生产事故或险情、重大安全生产风险源及管控、重大安全事故隐患及治理等情况。

第四十九条 申请换证的企业在取得等级证明3年且满足下列条件,在原证明有效期满之日前3个月内可直接向评价机构申请换发同等级企业安全生产标准化建设等级证明:

(一)企业年度核查等级均为优秀(含换证年度);

(二)企业未发生一般及以上等级安全生产责任事故;

(三)企业未发生被主管机关安全生产挂牌督办或约谈;

(四)企业安全生产信用等级评为B级以上;

(五)企业未违反其他安全生产法律法规有关规定;

(六)安全生产标准化建设标准发生变化的,年度核查或有关证据证明其满足相关要求。

第五十条 换证评价及等级证明颁发的流程、范围和方法按照初次评价的有关规定执行。

第三节 年度核查

第五十一条 企业取得安全生产标准化建设等级证明后,有效期内应按年度开展自评,自评时间间隔不超过12个月,自评报告应报颁发等级证明的评价机构核查。

第五十二条 评价机构对企业年度自评报告核查发现以下问题的,可进行现场核查:

(一)自评结论不能满足原有等级要求的;

(二)自评报告内容不全或存在不实,不能真实体现企业安全生产标准化建设实际情况的;

(三)企业生产经营状况发生重大变化的,包括生产经营规模、场所、范围或主要安全管理团队等;

(四)企业未按要求及时向评价机构报告重大安全事故隐患和较大以上安全生产责任事故的;

(五)相关方对企业的安全生产提出举报、投诉;

(六)企业主动申请现场复核。

第五十三条 评价机构应在企业提交年度自评报告15个工作日内完成自评报告年度核查,需进行现场核查的,应在30个工作日内完成。

第五十四条 年度核查结论分为不合格、合格和优秀三个等级评价,并通过管理系统向社会公开。企业安全生产标准化建设运行情况不能持续满足所取得的评价等级要求,或长期存在重大安全事故隐患且未有效整改的评为不合格;基本满足且对不影响评价结论的问题和重大安全事故隐患进行有效整改的评为合格;满足原评价等级所有要求,并建立有效的企业安全生产标准化持续改进工作机制,且运行良好,重大安全事故隐患和问题整改完成的,评为优秀。对于年度核查评为优秀,应由企业在年度自查报告中主动提出申请,经评价机构核查,包括进行现场抽查验证通过后,方可评为优秀。

第五十五条 评价机构对企业的年度核查评价在合格以上的,维持其安全生产标准化建设等级证明有效;年度核查评价不合格或未按要求提交自评报告的,评价机构应通知企业并提出相关整改建议,企业在30日内未经验收完成整改,或仍未提交自评报告,或拒绝评价机构现场复核的,评价机构应撤销并收回企业安全生产标准化建设等级证明,并通过管理系统向社会公告。

第五十六条 已经取得交通运输企业安全生产标准化建设等级证明的企业,在有效期内发现存在重大安全事故隐患或发生较大及以上安全生产责任事故的,应在10个工作日内向颁发等级证明的评价机构报送相关信息,评价机构可视情况开展企业安全生产标准化建设核查工作。

第五十七条 评价机构撤销企业安全生产标准化建设等级证明的,应通过管理系统向管理维护单位备案。

第四节 证明补发和变更

第五十八条 企业安全生产标准化建设等级证明遗失的,可向颁发等级证明的评价机构申请补发。

第五十九条 企业法定代表人、名称、经营地址等变更的,应在变更后30日内,向颁发等级证明的评价机构提供有关证据材料,申请对企业安全生产标准化评价等级证明的变更。

第六十条 评价机构发现申请安全生产标准化建设等级证明变更的企业的安全生产条件发生重大变化,超出第四十九条情况的,可进行现场核实,核实结果不影响变更证明的,应予以变更,核实认为企业安全生产条件不满足维持原证明等级要求的,原证明应予以撤销并通过管理系统向社会公示。

第六十一条 评价机构应在接受企业提出的证明变更

申请后30日内,完成证明变更。

第五章　监督管理

第六十二条　主管机关应加强对管理维护单位、评价机构和评审员的监督管理,建立健全日常监督、投诉举报处理、评价机构和评审员信用评价、违规处理和公示公告等机制,规范交通运输企业安全生产标准化建设评价工作。省级主管机关对日常监督管理工作中发现的一级评价机构存在的违法违规行为应通过管理系统上报。

第六十三条　主管机关应采取"双随机、一公开"的突击检查方式,组织抽查本管辖范围内从事相关业务的评价机构和评审员相关工作。抽查内容应包含:机构备案条件、管理制度、责任体系、评价活动管理、评审员管理、评价案卷、现场评价以及机构能力保持和建设等。

第六十四条　交通运输管理部门应将企业安全生产标准化建设工作情况纳入日常监督管理,通过政府购买服务委托第三方专业化服务机构,对下级管理部门及辖区企业推进企业安全生产标准化建设工作情况进行抽查,抽查情况应向行业通报。

第六十五条　已经取得交通运输企业安全生产标准化评价等级证明的企业,在有效期内发生重大及以上安全生产责任事故,或1年内连续发生2次以上较大安全生产责任事故的,评价机构应对该企业安全生产标准化建设情况进行核查,不满足原等级要求的,应及时撤销其安全生产标准化等级证明。事故等级按照《生产安全事故报告和调查处理条例》(国务院令第493号)和《水上交通事故统计办法》(交通运输部令2014年15号)确定。

第六十六条　负有直接安全生产监督管理职责的交通运输管理部门应对企业安全生产标准化建设评价中发现的重大安全事故隐患及时进行核查,确认后责令企业立即整改,并依法依规追究相应人的责任。

第六十七条　主管机关应建立投诉举报渠道,公布邮箱、电话,接受实名投诉举报。

第六十八条　主管机关接到有关企业安全生产标准化建设评价实名举报或投诉的,经确认举报或投诉事项是属本单位管辖权限,应在60个工作日内完成调查核实处理,并将处理意见向举报人反馈。

第六十九条　投诉举报第一接报主管机关对确认不属本单位管辖权限的,应在5个工作日内告知举报人,并建议其向具有管辖权限的主管机关举报。

第七十条　评审员、评价机构违背承诺,其备案信息经核实存在弄虚作假的,管理维护单位应在3个工作日内将其列入黑名单,并通过管理系统向社会公告。

第七十一条 管理维护单位应对评审员、评价机构发生的违规违纪和违反承诺等失信行为,依据评审员、评价机构信用扣分细则(见附录C)进行记录。

第七十二条 评审员、评价机构信用等级按其扣分情况分为AA、A、B、C、D共5个等级,未扣分的为AA;扣1~2分的为A;扣3~8分的为B;扣分9~14分的为C;扣15~19分的为D;信用扣分超过20分(含20分)的列入黑名单。以上信用扣分按近3年扣分累计。

第七十三条 部管理维护单位应通过管理系统,按年度向社会公布管辖范围内一级评价机构、评审员3年内违规行为和信用等级汇总情况,以及评价机构所颁发等级证明的企业及其近5年发生等级以上安全生产事故情况。评审员发生信用扣分的,管理维护单位应告知评审员登记的评价机构。

省级管理维护单位应通过管理系统,按年度向社会公布管辖范围内二、三级评价机构,以及评价机构所颁发等级证明的企业及其近5年发生等级以上安全生产事故情况。

第七十四条 交通运输管理部门应将交通运输企业安全生产标准化建设情况和评价结果纳入企业安全生产信用评价范围,鼓励引导交通运输企业积极开展安全生产标准化建设。

第七十五条 交通运输管理部门应加强对企业安全生产标准化评价结果应用,作为实施分级分类、差异化监管的重要依据;对安全生产标准化未达标或被撤销等级证明的企业应加大执法检查力度,予以重点监管。客运、危险货物经营企业安全生产标准化建设评价及年度核查情况应作为企业经营资质年审和运力更新、新增审批、招投标的安全条件重要参考依据。

第七十六条 主管机关和管理维护单位的工作人员发生失职渎职的,应按规定追究相关责任人责任;评价机构的工作人员和评审员发生弄虚作假、违法违纪行为,依法依规追究相关人员法律责任。

第六章 附 则

第七十七条 交通运输企业安全生产标准化是指企业通过落实安全生产主体责任,全员全过程参与,建立安全生产各要素构成的企业安全生产管理体系,使生产经营各环节符合安全生产、职业病防治法律、法规和标准规范的要求,人、机、环、管处于受控状态,并持续改进。

第七十八条 交通运输企业安全生产标准化建设评价是指企业安全生产标准化评价机构,依据相关法律法规和企业安全生产标准化建设标准,评价企业安全生产标准化建设情况,对评价过程中发现安全生产的问题,提出整改建议，是促进企业安全生产标准化建设工作的重要方式。

第七十九条 对企业所实施的安全生产标准化建设评价，不解除企业遵守国际、国内有关安全生产法律法规的责任和所承担的企业安全生产主体责任。

第八十条 航运企业已建立安全管理体系并取得符合证明(DOC)的，视同满足企业安全生产标准化二级达标水平。

第八十一条 省际运输企业是指从事省际道路或水路运输的交通运输企业。

第八十二条 自有评审员是指与受聘评价机构签订正式劳动合同，且受聘评价机构已为其连续缴纳1年以上社保的人员。

第八十三条 本办法所称企业是指从事公路、水路交通运输的生产经营单位，包括直接从事生产经营行为的事业单位。

第八十四条 省级主管机关未委托管理维护单位的，本管理办法涉及的相关工作由其承担。

第八十五条 管理系统由交通运输部统一开发，委托管理维护单位负责日常维护。

第八十六条 本办法自发布之日实施，有效期5年。《关于印发交通运输企业安全生产标准化考评管理办法和达标考评指标的通知》(交安监发〔2012〕175号)及《关于印发交通运输企业安全生产标准化相关实施办法的通知》(厅安监字〔2012〕134号)同时废止。

附录 A

评价机构登记备案条件

序号	条　件	要　求			备　注
		一级	二级	三级	
1	固定办公场所面积	不少于 300m²	不少于 200m²	不少于 100m²	需提供房屋产权证明或 1 年以上的租赁合同
2	专职管理人员	不少于 8 人	不少于 5 人	不少于 3 人	需提供人员正式劳务合同(事业单位需提供加盖单位公章的人员在职证明),连续 1 年以上的单位代缴纳的纳税证明和社保缴费证明
3	自有评审员	不少于 30 名本专业自有评审员	不少于 12 名本专业自有评审员	不少于 6 名本专业自有评审员	
4	高级职称人员	不少于 10 人	不少于 3 人	不少于 2 人	高级职称是指国家认可的从事管理、技术、生产、检验和评估评价的高级技术人员,但不含高级经济师、高级政工师等非相关职称
5	工作经验	1. 至少具备 5 年以上从事交通运输相关业务领域咨询服务工作的经验; 2. 至少具备 1 年以上二级评价机构备案经历; 3. 已评价一定数量本专业二级企业	1. 至少具备 3 年以上从事交通运输相关业务领域咨询服务工作的经验; 2. 至少具备 1 年以上三级评价机构备案经历; 3. 已评价一定数量本专业三级企业	至少具备 3 年以上从事交通运输相关业务领域咨询服务工作的经验	评价机构申请备案一级资质需评价二级企业家数(新增专业类型不需要): 道路运输:200 家;水路运输:80 家;港口营运:50 家;城市客运:100 家;交通工程建设:100 家。 评价机构申请备案二级资质需评价三级企业家数(新增专业类型不需要)由各省主管机关确定

注:上述条件为单个专业类型登记备案条件,本办法实施前已经取得评价机构证书的评价机构备案不受此条件限制;已经完成其他类型评价机构备案,增加评价机构备案类型的,不要求具有下一级评价机构备案及相关要求。二、三级评价机构备案条件为最低要求,各省级主管机关可根据具体情况参照设定相应备案条件。

附录 B

交通运输企业安全生产标准化
交通运输企业
安全生产标准化建设
等 级 证 明
企业名称：
证书编号：YYYY—TA—XXXXX
有 效 期：YYYY年MM月DD日至YYYY年MM月DD日
中华人民共和国交通运输部制
经营类型：
证书类别：
达标等级：
适用范围：
备注：
年度核查
评价机构年度核查结论：
201X年
评价机构年度核查结论：
201X年
（正本/副本）
评价机构（盖章）：
年　月　日

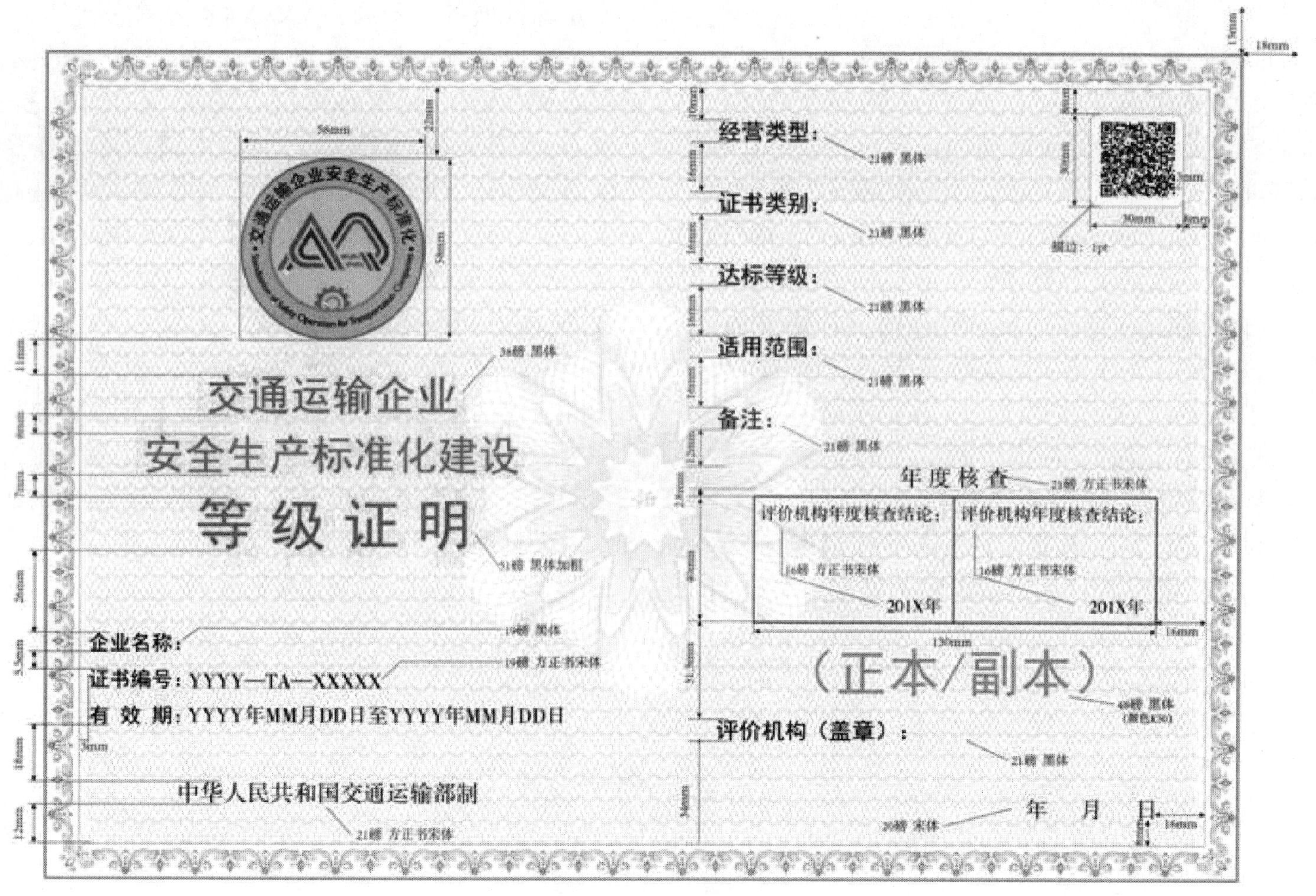

证明格式及编号说明

1. 等级证明纸张大小为420mm×297mm(A3),带底纹。

2. 证明编号格式为 YYYY—TA—XXXXXX。YYYY 表示年份;TA 表示负责颁发等级证明的评价机构监督管理的省级以上管理维护单位(01 表示交通运输部,02 表示北京市,03 表示天津市,04 表示河北省,05 表示山西省,06 表示内蒙古自治区,07 表示辽宁省,08 表示吉林省,09 表示黑龙江省,10 表示上海市,11 表示江苏省,12 表示浙江省,13 表示安徽省,14 表示福建省,15 表示江西省,16 表示山东省,17 表示河南省,18 表示湖北省,19 表示湖南省,20 表示广东省,21 表示海南省,22 表示广西壮族自治区,23 表示重庆市,24 表示四川省,25 表示贵州省,26 表示云南省,27 表示西藏自治区,28 表示陕西省,29 表示甘肃省,30 表示青海省,31 表示宁夏回族自治区,32 表示新疆维吾尔自治区,33 表示新疆生产建设兵团,34 表示长江航务管理局,35 表示珠江航务管理局);XXXXXX 表示序列号。

3. 经营类别分为道路客运运输、道路危险货物运输、道路普通货物运输、道路货物运输站场、汽车租赁、机动车维修、汽车客运站、水路客运运输、水路普通货物运输、水路危险货物运输、港口客运、港口普通货物营运、港口危险货物营运、城市公共汽车客运、城市轨道交通运输、出租汽车营运、交通运输建筑施工企业、交通工程建设项目、收费高速公路、隧道和桥梁运营等类别。

4. 评价等级分一级、二级、三级 3 个级别。

5. 评价机构颁发等级证明印章使用圆形封口章,名称统一为"＊＊＊企业安全生产标准化评价专用章","＊＊＊"为颁发等级证明的评价机构名称,"达标专用章"封口。

6. 证明电子模板可在管理系统下载。

7. 证明正本 1 份,副本 3 份。

附录 C

评审员评价机构信用扣分细则

一、评审员发生下列情形的，信用分值扣1分：

（一）管理维护单位对评审员评价能力、评价技巧、抽样或流程符合性提出质疑的；

（二）评审员信息发生变更，未按照规定办理变更手续的；

（三）经核实，评价期间不遵守有关纪律，迟到或提早离场的；

（四）未按评价计划实施现场评价，但不影响评价过程的。

二、评审员发生下列情形的，信用分值扣2分：

（一）以个人名义或未经评价机构同意，开展与评价相关活动；

（二）近3年内，管理维护单位对评审员评价能力、评价技巧、抽样或流程符合性提出质疑2次的评审员；

（三）近3年内，评审员参与评价的企业有20%～30%发生一般等级以上安全生产责任事故；

（四）近3年内，评审员参与评价的企业发生了1起一般安全生产责任事故，且事故调查确定的直接原因在评价时已经存在，但评价中未识别或指出；

（五）未按评价计划实施现场评价，影响评价过程的。

三、评审员发生下列情形的，信用分值扣5分：

（一）与申请评价的企业存在利害关系的，未回避的；

（二）近3年内管理维护单位对评审员评价能力、评价技巧、抽样或流程符合性提出质疑3次及以上的评审员；

（三）非故意泄露企业技术和商业秘密，未造成严重后果的；

（四）近3年内，评审员参与评价的企业有30%～50%发生一般等级以上安全生产责任事故；

（五）近3年内，评审员参与评价的企业发生了1起较大安全生产责任事故，且事故调查确定的直接原因在评价时已经存在，但评价中未识别或指出；

（六）受到主管部门通报批评的。

四、评审员发生下列情形的，信用分值扣10分：

（一）评价活动中为第三方或个人谋取利益，但不构成违法的；

（二）未按要求如实反映企业重大安全事故隐患或风险的；

（三）允许他人借用自己的名义从事评价活动的；

（四）近3年内，评审员参与评价的企业有50%以上发生一般等级以上安全生产责任事故；

（五）近3年内，评审员参与评价的企业发生了1起重大上安全生产责任事故，且事故调查确定的直接原因在评价时已经存在，但评价中未识别或指出。

五、评审员发生下列情形的，信用分值扣20分：

（一）登记备案条件弄虚作假的；

（二）评价活动中，存在重大违法、违规、违纪行为，构成违法的；

（三）评价活动中为第三方或个人谋取利益，情节特别严重的；

（四）评价工作中弄虚作假的，结果影响评价结论的；

（五）近3年内，评审员参与评价的企业发生了1起特别重大安全生产责任事故，且事故调查确定的直接原因在评价时已经存在，但评价中未识别或指出；

（六）故意泄露企业技术和商业秘密，或泄露企业技术和商业秘密造成严重后果的；

（七）被列入省部级以上黑名单的。

六、评价机构发生下列情形的，信用分值扣1分：

（一）逾期30日未提交年度工作报告；

（二）不按规定程序和要求开展评价活动的；

（三）内部档案管理制度不健全或重要考评记录文件缺失的（每缺失1件扣1分）；

（四）未按评价计划实施现场评价，但不影响评价过程的；

（五）允许不具备评价能力人员参与评价活动的；

（六）近3年内，评价机构所评价的企业有20%～30%发生一般等级以上安全生产责任事故。

七、评价机构发生下列情形的，信用分值扣5分：

（一）未按要求如实反映企业重大安全事故隐患或风险的；

（二）未及时向管理维护单位报备评价结果的；

（三）泄露企业技术和商业秘密的，未构成后果的；

（四）评价机构评价结果或年度核查不符合实际情况；

（五）利用评价活动，谋取其他利益的；

（六）近3年内，评价机构所评价的企业有30%～50%发生一般等级以上安全生产责任事故；

（七）近3年内，评价机构所评价的企业发生了1起较大安全生产责任事故，且事故调查确定的直接原因在评价时已经存在，但评价中未识别或指出。

八、评价机构发生下列情形的，信用分值扣10分：

（一）评价工作中隐瞒或应发现而未发现企业重大安全事故隐患或风险；

（二）泄露企业技术和商业秘密的，造成较轻后果的；

（三）分包转包评价工作的；

（四）利用评价活动，强制谋取其他利益的；

（五）评价活动的专业类型不符合本办法要求或超范围评价的；

（六）评价机构或其法定代表人被主管部门通报批评的；

（七）近3年内，评价机构所评价的企业有50%以上发生一般安全生产责任事故；

（八）近3年内，评价机构所评价的企业发生1起重大安全生产责任事故，且事故调查确定的直接原因在评价时已经存在，但评价中未识别或指出。

九、评价机构发生下列情形的，信用分值扣20分：

（一）登记备案条件弄虚作假的；

（二）评价工作中弄虚作假，或应发现而未发现企业重大安全事故隐患或风险，导致隐患未消除或风险未得到有效控制，发生等级以上责任事故的；

（三）采取不正常竞争措施，严重影响市场秩序的；

（四）泄露企业技术和商业秘密的，造成严重后果的；

（五）评价机构相关条件低于首次备案条件，督办整改不合格的；

（六）近3年内，评价机构所评价的企业发生1起特别重大安全生产责任事故，且事故调查确定的直接原因在评价时已经存在，但评价中未识别或指出；

（七）评价机构或其法人被列入省部级以上黑名单的；

（八）按照有关法规、规定，应予以撤销的。

以上信用扣分细则，逐条逐次累计。交通运输部安委会办公室可根据安全生产信用体系建设和企业安全生产标准化建设情况适时调整。